(قُلْ لَوْ كَانَ الْبَحْرُ مِدَادًا لِكَلِمَاتِ رَبِّي لَنَفِدَ الْبَحْرُ قَبْلَ أَنْ تَنْفَدَ كَلِمَاتُ رَبِّي وَلَوْ جِئْنَا بِمِثْلِهِ مَدَدًا)

إدارة الأزمات
المشكلات الاقتصادية والمالية والادارية

إدارة الأزمات

المشكلات الاقتصادية

والمالية والادارية

محمد سرور الحريري

الطبعة الأولى

2010م / 1431 هـ

دار البداية ناشرون وموزعون

المملكة الأردنية الهاشمية
رقم الإيداع لدى دائرة المكتبة الوطنية (2009/12/5269)

362.7
الحريري ، محمد سرور
ادارة الازمات :المشكلات الاقتصادية والمالية والادارية /
محمد سرور الحريري
. _ عمان: دار البداية ناشرون وموزعون ، 2009.
(   ) ص.
ر.أ: (2009 / 12 / 5269   )
الواصفات: /خدمات الشباب//المشاكل الاجتماعية والاقتصادية //الشباب/

* إعدادت دائرة المكتبة الوطنية بيانات الفهرسة والتصنيف الأولية
*يتحمل المؤلف كامل المسؤولية القانونية عن محتوى مصنفه ولا يعبر هذا المصنف عن راي دائرة المكتبة الوطنية او أي جهة حكومية اخرى .

الطبعة الأولى

2010م / 1431 هـ

دار البداية ناشرون وموزعون
عمان - وسط البلد
هاتف: 4640679 6 962+   تلفاكس: 4640597 6 962+
ص.ب 510336 عمان 11151 الأردن
Info.daralbedayah@yahoo.com
مختصون بإنتاج الكتاب الجامعي

بسم الله الرحمن الرحيم

الحمد لله، والصلاة والسلام على رسول الله، أما بعد:

موضوع الكتاب:

فإن موضوع هذا الكتاب هو إدارة الأزمات وهو بعنوانه هذا يعبر عن كيفية إيجاد الحلول المناسبة لكل الأزمات الإدارية والمشكلات المالية التي يواجهها الشخص أو المنشأة على حدٍ سواء، إذ أنه يمكن لمدير إدارة الأزمات والموظفين الأعضاء في مكتب إدارة الأزمات أن يجدوا حلولاً سريعةً ومناسبة تحت كل الضغوط التي يواجهونها وذلك للقضاء على المشكلة الإدارية الحالية وللتخلص من الأزمة المالية القائمة بثقلها على الأشخاص والمؤسسات المالية والإدارية.

إن علم إدارة الأزمات علم قائم بذاته، هام في طبيعته، ضروري في كل منشأة وشركة ومؤسسة، وذلك لما تواجهه كل المنشآت المالية والتجارية في عصرنا هذا من مخاطر غير متوقعة الحدوث.

حيث أن من أهم وظائف مكتب إدارة الأزمات العمل على إنقاذ المؤسسة بأسرع وقت ممكن وبأقصر الطرق المؤدية إلى الحل الصحيح والسليم وذلك في الوقت المناسب وبأقل تكلفة ممكنة مع استحضار كل الجهود العقلية والعلمية

والبدنيــة لمواجهــة الأزمــة الماليـة ولحـل المشـكلة الإداريـة الموجـودة حاليـاً في الشـركات والمؤسسات والتي تعرقل سير العمل وتخفض من نسبة الأربـاح وتقلـل مـن كميـة الإنتـاج مـع خوف الإداريين والموظفين والمسؤولين من حدوث نكوص أكبر وخسارة أكثر في الأيـام المقبلـة لكـل مـا يجـري ضمن المنشآت المالية والمؤسسات الإدارية والشركات التجارية.

إن إدارة الأزمات هي عبارة عـن تنظيـم وترتيـب لكـل المعطيـات والمعلومـات الموجـودة في المؤسسات المالية والتجارية أثناء وقوع الخطر وعند دق جرس المطالبة بالإنقاذ من مشكلة ما حصلت إدارية كانت أو مالية، وكما أن مكتب إدارة الأزمات بكل موظفيه غير غافلين عن الإرشادات والنصائح التي يقدمونها مسبقاً للإداريين والمسؤولين والموظفين لتجنب الوقـوع في المخـاطر الماليـة أو المشـكلات الإدارية وذلك ضمن خطة عمليـة معـدة إعـداداً تامـاً لكـل المخـاطر والمصائب والمشـكلات المحتمـل وقوعها وبيان كيفية القضاء عليها وطرق مواجهتها في حالة حدوثها ووقوعها.

إن هذا الكتاب الذي بين يدي القارئ يجيبه على سؤال هـام في علم إدارة الأزمـات ألا وهـو: كيف نملك أكبر درجات القوة في أشد لحظات الضعف؟ وكيف يمكن لنا أن نحل المشكلات الإداريـة في أسرع وقت ممكن وبأفضل حل مناسب يجب

تطبيقه وبأكثر جهد يمكن بذله في سبيل الحصول على الحل الصحيح والمناسب لما تواجهه المؤسسة من كارثة مادية أو إدارية؟

إن هذا الكتاب يعرفك بمفهوم إدارة الأزمات، وكيفية الاستفادة من الأزمات، وكيفية تحويل الخسائر إلى أرباح، وما هي طرق الوقاية من الأزمات المالية، وكيف يمكن أن نحل المشكلات الإدارية، آملاً أن يكون هذا الكتاب معيناً جيداً ومرجعاً علمياً نافعاً لكل راغبٍ في معرفة حل الأزمات الاقتصادية والمالية والإدارية.

سبب اختيار موضوع إدارة الأزمات

إن العالم في عصرنا هذا يواجه أكبر التحديات والمعوقات والمشكلات المالية والإدارية نظراً للنمو السريع في العلم وللتقدم العلمي والتقني والتكنولوجي وللانفجار الهائل في المعلومات والمعارف المختلفة من جوانب الحياة الكثيرة وعلى ذلك كلما زادت الأعمال والمهام وتعددت المسؤوليات والوظائف تعقدت الأنظمة الإدارية وظهرت مبادئ أنظمة التقسيم الوظيفي والتخصص العملي في كل المؤسسات المالية والشركات التجارية مما يؤدي ذلك إلى ضرورة ظهور ونشوء الأزمات كأمر طبيعي وكنتيجة حتمية تولدت عن تعدد وتعقد أقسام الوظائف الإدارية فكان لابد من وجود مكتب خاص بحل الأزمات المالية والإدارية في كل منشأة تجارية وذلك لمواجهة الضغوط ولحل الصعوبات وللقضاء على الأزمات.

إن مكتب إدارة الأزمات في استخدامه لعلم إدارة الأزمات وكيفية حل الأزمات يجيب على هذه الأسئلة:

- من نحن وما هي معطياتنا ما هو تخصصنا؟

- ما هي المشكلة الإدارية أو ما هي الأزمة المالية التي تواجهنا حالياً؟

- ما هو مصدر المشكلة أو الأزمة؟ من أين نشأت؟ مـا هـو الـسبب فـي ظهورهـا؟ حتى لا تكـرر الأخطاء، فيجب علينا الاستفادة من التجارب السابقة.

- ما هي إمكانياتنا؟ وما هي حدود سلطاتنا؟ ماذا لدينا من المعلومات لتشخيص الأزمة بدقة؟

- من هم السبب في نشوء أزمتنا المالية أو مشكلتنا الإدارية؟ حدد الطرف الآخر بدقة؟ من هم؟ ما هي أهدافهم؟ ما هي أعمالهم؟ كيف يمكن أن نتواصل معهم؟ ما هي طرق الاتصال بهم؟

- ما هي الحلول الممكنة لحل الأزمة المالية وللقضاء على المشكلة الإدارية؟

- هل يوجد لدينا أشخاص لهم خبرة سابقة في حل مثل هذه الأزمات التي نواجهها؟ أيـن فريـق عملنا المختص بإدارة الأزمات وحل المشكلات؟

- إلى أين سيكون مصيرنا إن تأخرنا في الحل؟

- ما هي المدة الزمنية المحددة لنا للقضاء على الأزمات؟ وما هي أقصى مدة لـدينا حتـى نكـون سيد الموقف ولا تخرج الأزمة عن سيطرتنا فنعجز عن حلها؟

- ماذا نملك نحن من معارف ومعلومات وتقنيات وأجهزة حديثة وخبراء وموظفين ماهرين؟

- ماذا يملك أعدائنا والمتسببين في أزماتنا ومشكلاتنا وما هي حدود إمكانياتهم؟
- ما هي طرق التفكير التي يفكر بها الطرف الآخر المواجه لنا؟
- ما هو الوقت المناسب لتنفيذ الحل؟ إن كان الوقت مناسباً الآن فلنبدأ به.

إن علم إدارة الأزمات له خصوصيته في كيفية انفراج الأوضاع السيئة وكيفية إزالة المشكلات والمعوقات وكيفية التهدئة والتجديد المستمر لكل النواحي السابقة السلبية التي كانت تواجهها المنشأة والشركة.

إن السبب الرئيسي الذي جعلني أختار الكتابة والتأليف في موضوع إدارة الأزمات هو أن إدارة الأزمات هي عبارة عن عملية إنقاذ المؤسسة أو الشركة التجارية من المخاطر والصعوبات التي تواجهها مع إيجاد الحل الأمثل لكل مشكلات المنشأة التجارية والمالية وتنفيذ ذلك الحل في الوقت المناسب أي قبل فوات الأوان وقبل تفاقم المشكلة وزيادة حدتها، فعلم إدارة الأزمات يقوم بالتنبؤ للمخاطر المحتملة الحدوث في المستقبل مع إيجاد إستراتيجية متكاملة لكل سبل الحل المناسبة، وذلك عن طريق وضع خطة إدارية مرنة لمواجهة الأزمات المالية والمشكلات الإدارية في المؤسسات المالية والإدارية.

فعلم إدارة الأزمات هو علم إدارة القوة وعلم كيفية استغلال الفرص وعلم كيفية بذل قصارى القوى والجهود المالية والعقلية والعلمية والبدنية وذلك للتخلص من الأزمات المالية وللقضاء على المشكلات الإدارية.

غير أن المهمة في إدارة الأزمات صعبة، وثقيلة المسؤولية على فريق مكتب إدارة الأزمات ومن هنا فإني لست غافلاً عن ندرة وقلة الكتب المؤلفة في هذا المجال وكذلك نسيان المؤسسات المالية والتجارية لأهمية عمل مكتب إدارة الأزمات وما يقوم به من جهود عقلية وعلمية لمساعدة المؤسسة للتخلص من المشكلات الإدارية والمالية.

ومن هنا جاءتني فكرة تأليف كتاب مختص بموضوع إدارة الأزمات، وذلك لإثراء المكتبة العلمية الإدارية في هذا الموضوع، ولتذكير كل المؤسسات المالية والإدارية بأهمية إنشاء وإقامة مكتب خاص لأعضاء فريق إدارة الأزمات، إذ أن المؤسسات والشركات بدون جهود أعضاء فريق إدارة الأزمات لا يستطيعون التغلب على مشكلاتهم المالية أو الإدارية.

المنهـج العلمي المتبع في الكتاب

إن عملية اختيار نوع المنهج العلمي وتحديد إطـاره العـام في هـذا الكتـاب يعتمـد بشكـل أساسي على البحوث المكتبية المتاحة والمتوفرة والمنشورة في المؤسسات الفكرية ودور النشر والمكتبـات العلمية.

إن نوع البحث والمنهج العلمي الذي قام المؤلف بالاعتماد عليه في هذا الكتاب هـو البحـث المعرفي العلمي المكتبي، حيـث أني قمت بـالقراءة والمطالعـة لكتب متعددة المواضيـع ومتنوعـة منهـا إدارية بحتة ومنها علمية ونفسية وتاريخية نظراً لعـدم وجـود كتب متخصصة في موضـوع إدارة الأزمات فكان من الضروري بلورة الفكرة العلمية هذه وصقل المهارة في تأليف كتـاب مختص بـإدارة الأزمات من ضمن مختلف الكتب والمراجع العلمية والموسوعات الإدارية.

إن المنهج العلمي المتبع في هـذا الكتـاب الإداري هـو مـنهج البحـوث المكتبيـة حيـث أنـني اعتمـدت عـلى معلومـات متاحة ومنشـورة ومتـوفرة في المكتبـات وقـد قمـت بـالرجوع إلى كتـب وموسوعات إدارية ومراجع علمية منها على سبيل المثال لا الحصر:

- عبد الكريم قاسم السياغي، مبادئ إدارة الخطر والتأمين، (صنعاء: اليمن مركز الأمين للطباعة والنشر والتوزيع، 2008 م).

- أكرم عثمان، الخطوات المثيرة لإدارة الضغوط النفسية، (بيروت، لبنان: دار ابن حزم، 2002 م).

- عبد الله بن أحمد الأهدل، وسائل البناء، (بيروت، لبنان: دار ابن حزم، 2005م).

- عبد الله بن أحمد الأهدل، وسائل الهدم، (بيروت، لبنان: دار ابن حزم، 2005م).

- منير شفيق، الإستراتيجية والتكتيك في فن علم الحرب من السيف والدرع إلى الصاروخ والأنفاق، (الدار العربية للعلوم، 2008 م).

- نجم عبود نجم، إدارة العمليات، الجزء الأول + الجزء الثاني (المملكة العربية السعودية، مركز البحوث، معهد الإدارة العامة، 1412 هـ).

- زيد منير عبوي و يوسف ذيب، الاتجاهات الإدارية الحديثة في العمل الجماعي وفريق العمل، (الأردن: دار الخليج للطباعة والنشر والتوزيع، 2007 م).

- جمعة أمين عبد العزيز، خطوات على طريق النهضة (مصر: الإسكندرية: دار الـدعوة للطباعـة والنشر والتوزيع، 2005 م).

- محمد رفيق المصري، التأمين على الحياة والضمان الاجتماعي، (عمان، الأردن: دار زهران للنشر والتوزيع، 1999 م).

- محمد عاطف السعيد، صناعة التأمين بين الواقع والمأمول، (مصر، الإسكندرية: مؤسسـة رؤيـة للطباعة والنشر، 2006 م).

- محمد محمـود المكـاوي، مسـتقبل البنـوك الإسـلامية في ظل التطورات الاقتصادية العالميـة، (رسالة دكتوراه تطلب من المؤلف في مصر، مركز البيع: مؤسسة أبرار في اليمن: صنعاء، 2003 م).

- محمد سرور حكمت الحريري، إدارة المكاتب – السكرتارية والاستقبال – (الأردن، عـمان: دار البداية للطباعة والنشر والتوزيع، 2009 م).

وعلى ذلك فإن استخدام الأسلوب العلمي الصحيح وإتبـاع المـنهج العلمي في إدارة الأزمـات وحل المشكلات ضروري وحتمي ولازم وأمر لابد منه وذلك نظراً لأن إتبـاع الطريقـة المنهجيـة العلميـة في كيفية التعامل مع الأزمات يؤدي بنا إلى نتائج

إيجابية كثيرة وكذلك عدم استخدام الطريقة العلمية المنهجية تؤدي إلى نتائج سلبية وعكسية وآثار مدمرة لم تكن في الحسبان.

فعلم إدارة الأزمات يعد الآن في عصرنا هذا من أهم العلوم الإدارية الحديثة المبتكرة ذو الفائدة العميقة على مختلف الأصعدة الاقتصادية والمالية والإدارية والتجارية وغيرها.

أهمية الكتاب

إن العالم اليوم يشهد بالفعل مخاضاً مؤلماً وإرهاصاتٍ عجيبة جديدة لم تكن من ذي قبل، وذلك على كل المستويات الإدارية سواءً أكانت الإدارة العليا ورئاسة مجلس الإدارة أو على الإدارة الوسطى والمتمثلة بالإدارة العامة والإدارة الإشرافية أو على مستوى الإدارة التنفيذية ومستويات الإدارة السفلى والمتمثلة بالتنفيذ والعمل والإنجاز والتنافس مع الغير لإنجاز أكثر عمل ممكن في أقل وقت وبأقل تكلفة وبأعلى جودة مطلوبة.

فكثرة العلوم الملحوظة وتطورات التكنولوجيا وتقدم وسائل النقل والمواصلات وتعدد وسائل الاتصالات السلكية واللاسلكية وظهور الشبكة العنكبوتية وانتشار استخدم الإنترنت في كل مكان أدى إلى السرعة الهائلة في الحصول على المعلومات المطلوبة مع انفجار في المعارف والعلوم والتخصصات العلمية كل ذلك ساهم في طغيان لغة المادة وانتشار لغة المال والأعمال في كل لحظة عملية قائمة وفي كل تعامل يقوم به الأفراد والموظفين فيما بينهم فأدى ذلك إلى ظهور خلل ملحوظ في تعاملات البشر ـ فيما بينهم وعدم وجود توازن في الأمور والأحداث فأدى ذلك إلى ظهور مشكلات تفاقمت حدتها لتنفجر فتصبح أزمة يصعب حلها إلا بعد وضع دراسة علمية متكاملة للقضاء عليها بتاتاً.

إن المؤسسات المالية والشركات التجارية في عصرنا هذا تخضع لنظام العولمة أي أن تصبح عالمية المنشأ عالمية الشهرة دولية النظام وكذلك لابد أن يكون لها أساس علمي تعتمد عليه وترجع له أثناء وقوعها في أزمات مالية أو إدارية مستعينة بالخبراء المختصين في علم إدارة الأزمات

فلقد شهدت كل المؤسسات المالية والتجارية اليوم في عصرنا هذا متغيرات كثيرة وقوانين جديدة على المستوى الدولي والإقليمي والمحلي فأصبحت حائرة لا تدري ماذا تصنع لتواكب التطورات المذهلة التي تتلقاها فكان من ذلك لجوءها إلى أعضاء فريق إدارة الأزمات ليعملوا على تقديم المعلومات الصحيحة لمواجهة تلك التغيرات ولمواكبة التطورات فلا تصبح المؤسسات عاجزة أو مثقلة بالخسائر والديون.

إن علم إدارة الأزمات علم مستقل بذاته وكما أنه يتصل ويرتبط بعلاقة مع مختلف العلوم الأخرى النفسية والتاريخية والمالية والاقتصادية والإدارية والتجارية والجغرافية والعلمية والطبية وغيرها من مختلف العلوم الأخرى فعلى سبيل المثال هذه أزمات قائمة هي:

• أزمة الديون.

- أزمة قلة المال.

- أزمة ضعف الدخل.

- أزمة الغلاء وارتفاع الأسعار.

- أزمة البطالة.

- أزمة التضخم.

- أزمة القوانين الإدارية.

- أزمة القضاء والمحاكم.

- أزمة الحروب بين الدول.

- أزمة الأمراض النفسية.

- أزمة الانفجار السكاني الهائل.

- أزمة غلاء المهور.

- أزمة السيارات.

- أزمة عوادم السيارات.

- أزمة التدخين.

- أزمة السجون.

- أزمة الهجرة.

- أزمة الغربة.

- أزمة ضعف الأخلاق عند الناس.

- أزمة السرعة والتطور.

- أزمة المشاكل الإدارية.

- أزمة مخزون البضائع والمتراكمة من الأعوام السابقة.

- أزمة إفلاس المدينين.

- أزمة الطاقة النووية.

- أزمة التكنولوجيا.

- أزمة عجز الموازنة العامة للدول.

- أزمة اللجوء لصندوق النقد الدولي.

- أزمة الميزانية العمومية للشركات.

- أزمة المصانع.

- أزمة المدارس.

- أزمة الجامعات.

- أزمة التعليم.

- أزمة عدم القدرة على الزواج.

- أزمة الطلاق.

- أزمة الضرائب.

- أزمة الأحزاب السياسية.

- أزمة الصحافة والإعلام.

- أزمة انفجار القنوات الفضائية وكثرتها على الأقمار الصناعية وتعددها.

- أزمة المستشفيات.

- أزمة كثرة الأطباء الغير المختصين وقلة مرتباتهم وأجورهم.

- أزمة غلاء أسعار العمليات الجراحية للمرضى.

- أزمة البنوك.

- أزمة عجز وإفلاس البنوك.

- أزمة ضعف الإنتاج.

- أزمة التخطيط.

- الأزمات الدبلوماسية.

- الأزمات السياسية.

- الأزمات المالية.

- الأزمات الإدارية.

- الأزمات التجارية.

فهذه كلها عبارة عن أمثلة لأزمات حقيقية قائمة تبحث عن حلول جـادة وفعالـة ومسـؤولة ولا يمكن ذلك إلا إذا لجئت المؤسسة أو الشركة أو المنشأة لأعضاء فريق إدارة الأزمات.

إن هناك نقصاً ملحوظاً في المكتبة العربية في موضوع إدارة الأزمات وذلك مع الأسف الشديد إذ أنه من أهم العلوم الإدارية غير أنه لم يكتب إلى الآن ولا كتاب مستقل علمي في إدارة الأزمات فكان ذلك داعماً لي ومعيناً إذ أني رغبت في إثراء المكتبة العربية بوضع كتاب علمي جديد مختص في موضوع إدارة الأزمات لأعمل على إشباع النقص الحاصل في المكتبة العربية لهذا الموضوع ولأسد ثغرة مهمة من الثغور العلمية فأكمل بذلك النقص الحاصل في المكتبة العربية ولأساهم في تكميل البناء العلمي وتشييد الحصن المعرفي.

إن التعامل مع الأزمات وإيجاد طرق حلها هو عبارة عن علم وفن ومهارة وخبرة فتحتاج إدارة الأزمات إلى وعي شامل كامل وقوة ذكاء خارقة للتعامل مع الأمور بحنكة ودهاء وصبر ومثابرة وشجاعة وعدم نكوص أو اهتزاز أو رجوع وهذا ما يوفره هذا الكتاب من أنه كيف يتسنى لنا اتخاذ القرار المناسب لتطبيق الحل للقضاء على الأزمات المالية والإدارية.

إن الأزمات هي ضرورة حتمية لابد من وقوعها، فالأزمات والمشكلات لا يمكن أن تنتهي مادمنا نسير على هذه الحياة فهي ممتدة من تجارب وأخطاء الماضي آخذين بعين الاعتبار الاستفادة من الدروس السابقة والتجارب الماضية ومروراً بالحاضر والواقع وما يواجهنا من صعوبات و عراقيل ومعوقات وتحديات وكذلك

متيقظين للمستقبل ومتنبئين لما قد يحدث لمؤسساتنا من مخاطر محتملة الحدوث وهـذا لا يكون قادراً على رسم كل ما سبق إلا بالاستعانة بجهـاز خـاص يعمـل عـلى حـل الأزمـات يـدعى هـذا القسم المتخصص بمكتب إدارة الأزمات.

الأصول العلمية لعلم إدارة الأزمات

نظراً لأن الأزمات المالية والمشكلات الإدارية هي جزء ضروري الوقـوع والحصـول في حياتنـا اليومية وفي كل معاملاتنا المالية والإدارية والتجارية وكذلك لأن الأزمات هي سمة من سـمات اسـتمرار الحياة بمختلف قواها والمتضاربة مع مصالح الناس من أجل ذلك كان لابد أن تتحـدد الأصول العلميـة لمنهج علم إدارة الأزمات وهي متمثلة في النقاط التالية:

1. علم إدارة الأزمات علم خاص ومستقل بذاته وقائم بكامل منهجـه في فـروع تخصصـات علـم الإدارة.

2. علم إدارة الأزمات له علاقة تربطه بمختلف العلوم الأخرى إذ لا غنى عن علـم إدارة الأزمات في كل المؤسسات المالية والشركات الإدارية والتجارية.

3. علم إدارة الأزمات فرع من قسم الدراسات الإنسانية إذ أنه يعتني بتقديم المعونة للإنسـان الواقع في أزمة مالية أو تجاريـة أو مشـكلة تجاريـة يصـعب عليـه حلهـا إلا بواسـطة الخـبراء المختصين في علم إدارة الأزمات وذلك لتقديم الحلـول المناسبة للقضاء عـلى الأزمات الماليـة والتجارية.

4. يعتمد علم إدارة الأزمات على فريق عمل معين مكون من مكتب خاص لإدارة الأزمات، ومدير لمكتب إدارة الأزمات، وأعضاء عمل يشكلون فريق كامل تحت إشراف مدير مكتب إدارة الأزمات.

5. تبنى قواعد علم إدارة الأزمات على وضوح الأهداف والسياسات والخطط والخطوات المتبعة أثناء تنفيذ عمل حل الأزمات بواسطة إدارة الأزمات.

6. يتكون البرنامج النظري والعملي في علم إدارة الأزمات على نقاط محددة وأرقام واضحة وخطوات متتالية وأوامر متبعة قابلة التنفيذ وذلك عند اجتماع موظفين وأعضاء مكتب إدارة الأزمات لمعالجة الموقف الأزموي ولعلاج الأزمة.

7. التنبوء المسبق للأزمات المحتملة الحدوث مع التخطيط للمستقبل وفق خطة إدارية ناجحة وفعالة لمواجهة الأزمات ولحل المشكلات دون تأخر أو ضعف أو خلل في الكيان الإداري للمؤسسة.

8. الاحتياط العملي في الأمور المالية والمادية والاقتصادية ومع توفير الإمكانيات المالية الكاملة وتوفير المعلومات الكافية وتوفير الإمكانيات البشرية والعلمية والعقلية والبدنية وذلك للتعامل مع الأزمات بشكل مباشر دون نكوص أو تراجع.

9. المرونة في تنفيذ الخطة الإدارية العملية لحل الأزمات وتقبل الأخطاء البسيطة التي لم تكن متوقعة الحدوث مع الاستفادة من أخطاء الماضي لعدم تكرار الأخطاء.

10. التقدير العقلي السليم لتحديد الوقت المناسب للتدخل في علاج الأزمات مع معرفة تامة لكل معطيات الأطراف الأخرى قبل مواجهتها ميدانياً.

11. الرسوخ في المحافظة على التوازن دون تأثر بالسلبيات وإصلاح الأوضاع في أقصى سرعة ممكنة وإنقاذ ما يمكن إنقاذه من كوارث وأزمات مالية وإدارية.

12. علم إدارة الأزمات يعمل كنظام مفتوح فيؤثر ويتأثر بالبيئة الخارجية والداخلية ويتفاعل مع المحيط الذي يعمل به بحساسية شديدة إذ لا يقبل التراجعات أو الأخطاء دون عمل إصلاح جذري لها وتغيير للأمور السلبية.

13. يعتمد علم إدارة الأزمات بشكل أساسي على استغلال الوقت وتنظيمه دون ضياع للفرص من بين يديه بلا فائدة.

14. تقديم كافة البيانات والمعلومات المطلوبة لمتخذ القرار مع التوجيه والنصح والإرشاد في حالة تشتت الأفكار لدى الإدارة العليا.

15. الاعتماد بالدرجة الأولى على استخدام مهارات التفكير الإبداعي وكيفية الاستفادة مـن الأفكار الإبداعية المبتكرة والجديدة لتقديم طرق وأسـاليب حـل جديـدة لم تستخدم مـن ذي قبـل وذلك للتغلب على الروتين القاتل وللخروج من الأزمة القائمة.

16. استخدام وظيفة جلب المعلومات والاستماع إلى آراء الآخرين والاختلاط مـع الأطراف الأخـرى المواجهة والمقابلة للمؤسسة مع التوصل الفعلي لمعرفة طريقة تفكيرهم ومعرفة مخططاتهم ومعرفة سلبياتهم لاستخدامها ضدهم في تهدئة الأزمة التي كانوا هم المتسببين فيها.

17. انتشار الموظفين المكلفين بأمر من مـدير مكتـب إدارة الأزمـات في كـل جهة للترصـد والتتبـع ومعرفة الجديد من الخطط.

18. توسيع عمل الخطة الإدارية الصادرة من مكتب إدارة الأزمـات وتوسـيع نطـاق الأعـمال التـي يقوم بها موظفو مكتب إدارة الأزمات وتوسيع حدود التفكير للتغلب على الأزمات.

19. جمع الأخطاء والسلبيات الموجودة لدى الأطراف الأخرى المسببة في ظهور الأزمـات للمؤسسـة أو الشركة واستخدامها كوسيلة تهديـد لهـم إن لم يتخلـوا عـن الاسـتمرار في طـريقهم لإصـدار الأزمات المالية أو الإدارية.

20. توجيه الإدارة العليا وتقديم النصح لرئاسة مجلس الإدارة في كيفية التعامل مع الأزمات بطرق علمية صحيحة للقضاء على الأزمات المالية ولحل المشكلات الإدارية.

المصادر العلمية التي اعتمدت عليها في تأليف الكتاب:-

لقد اعتمدت بشكل أساسي في تأليف هذا الكتاب والمختص بموضوع علم إدارة الأزمات على كتب إدارية ومراجع متعددة منها ماهو مختص في علم النفس وعلم الإدارة وعلم البرمجة اللغوية العصبية والتنويم المغناطيسي وعلم التاريخ وما إلى ذلك من كتب هامة استخرجت منها واستنتجت من ضمنها موضوع علم إدارة الأزمات وكانت المصادر العلمية متمثلة في أسماء وعناوين الكتب التالية: -

1. عبد الكريم قاسم السياغي، مبادئ إدارة الخطر والتأمين، (صنعاء: اليمن مركز الأمين للطباعة والنشر والتوزيع، 2008 م).

2. أكرم عثمان، الخطوات المثيرة لإدارة الضغوط النفسية، (بيروت، لبنان: دار ابن حزم، 2002 م).

3. عبد الله بن أحمد الأهدل، وسائل البناء، (بيروت، لبنان: دار ابن حزم، 2005م).

4. عبد الله بن أحمد الأهدل، وسائل الهدم، (بيروت، لبنان: دار ابن حزم، 2005م).

5. منير شفيق، الإستراتيجية والتكتيك في فن علم الحرب من السيف والدرع إلى الصاروخ والأنفاق، (الدار العربية للعلوم، 2008 م).

6. نجم عبود نجم، إدارة العمليات، الجزء الأول + الجزء الثاني

7. (المملكة العربية السعودية، مركز البحوث، معهد الإدارة العامة، 1412 هـ).

8. زيد منير عبوي و يوسف ذيب، الاتجاهات الإدارية الحديثة في العمل الجماعي وفريق العمل، (الأردن: دار الخليج للطباعة والنشر والتوزيع، 2007 م).

9. جمعة أمين عبد العزيز، خطوات على طريق النهضة (مصر: الإسكندرية: دار الدعوة للطباعة والنشر والتوزيع، 2005 م).

10. محمد رفيق المصري، التأمين على الحياة والضمان الاجتماعي، (عمان، الأردن: دار زهران للنشر والتوزيع، 1999 م).

11. محمد عاطف السعيد، صناعة التأمين بين الواقع والمأمول، (مصر، الإسكندرية: مؤسسة رؤية للطباعة والنشر، 2006 م).

12. محمد محمود المكاوي، مستقبل البنوك الإسلامية في ظل التطورات الاقتصادية العالمية، (رسالة دكتوراه تطلب من المؤلف في مصر، مركز البيع: مؤسسة أبرار في اليمن: صنعاء، 2003)

13. براندون توروبوف، فن ومهارة التعامل مع الناس، (الرياض: مكتبة جرير، 2006م).

14. وليام كوهين، لواء بالقوات الجوية الأمريكية، فن القيادة، (الرياض: مكتبة جرير، 2007م).

15. كين لانجدون، 100 فكرة عظيمة لبناء المشروع الذي تحلم به، (الرياض: مكتبة جرير، 2006م).

16. وايتشيل فيكس، من هنا إبدأ إدارة مالك (الدليل الكامل إلى إدارة الشئون المالية الشخصية) (الرياض: مكتبة جرير، 2007م).

17. دافيد أتش بانجر جونيور، دليل إنشاء المشروعات الصغيرة، طريقك إلى النجاح خطة من عام واحد لرجال الأعمال، (الرياض:مكتبة جرير، 2007م).

18. أندرو ليكي، قلة المال أصل من أصول البلاء، نصائح مارك توين للمستثمرين عن المال والثروة، تعريب وترجمة: معين محمد الإمام،(الرياض: مكتبة جرير، 2007م).

19. والترواسون، لوي باردو، فلاديزلاف، فن إدارة المكتب، (جمهورية مصر العربية مكتبة دار الفاروق، 2006م).

20. ريتشارد تشانغ كيفن كيهو، كيف تكون الاجتماعات فعالة، تعريب وترجمه: ميساء دياب، (الرياض: مكتبة العبيكان، 2006م).

21. الأستاذ الدكتور: وشيخ الإسلام المعاصر: عائض بن عبد الله القرني كتاب: لا تحزن، عدد صفحات الكتاب (600)، (الرياض: مكتبة العبيكان، 2002م).

22. روجر داوسون، أسرار قوة التفاوض،(الرياض:مكتبة جرير، 2007م).

23. جريجوري كيشل، باتيشي كيشل، كيف تبدأ مشروعاً وتديره وتحافظ عليه، (الرياض: مكتبة جرير، الطبعة الثالثة، 2007م).

24. عبد الخالق باعلوي، مبادئ بحوث التسويق،(صنعاء، اليمن: مركز الأمين للطباعة والنشر والتوزيع، 2007 م)

25. نائـل حـافظ العواملـة، أسـاليب البحـث العلمـي، الأسـس النظريـة وتطبيقاتهـا في الإدارة، الأردن،عمّان: 1995م)

26. محمد عبيدات ومحمد أبو نصار وعقلة مبيضين، منهجية البحث العلمـي، القواعـد والمراحـل والتطبيقات، (الأردن: عمّان، دار وائل للنشر 1997 م).

27. مدحت أبو النصر، أساسيات علم ومهنة الإدارة، (مصر القاهرة: دار السـلام للطباعـة والنشرـ الطبعة الأولى، 2007).

28. محمد نبيل كاظم، كيف تحدد أهدافك على طريق نجاحك،

29. (مصر القاهرة: دار السلام للطباعة والنشر، الطبعة الثانية، 2007 م)

30. محمد أحمد عبد الجـواد، إدارة ضـغوط العمـل والحيـاة، (طنطا: مصرـ دار البشـير للثقافـة والعلوم و دار الأندلس الخضراء، الطبعة الأولى 2002م).

31. بشير البرغوثي، نجومية القيـادة في الاجتماعـات: كيـف تخطـط للاجـتماع وتقـوده؟، (الأردن - عمّان: دار زهران للنشر، 2000م).

32. فوزي محمد طليل، نحو نهضة أمة، كيف نفكر إستراتيجياً؟ (الهرم: مصر، مركز الإعلام العربي، الطبعة الأولى، 1997 م).

33. سنان غالب رضوان المرهضي، إدارة المنشآت المتخصصة مع مدخل عام لإدارة المنظمات الخدمية، إدارة البنوك والفنادق والمستشفيات، (اليمن، صنعاء: مركز الأمين للنشر والتوزيع، 2004 م).

34. عبد الله السنفي، منصور العريقي، الإدارة، (اليمن صنعاء، مركز الأمين للنشر والتوزيع، 2006 م).

35. الدكتور فؤاد المخلافي، إدارة التأمين والخطر، (اليمن، صنعاء: مركز الأمين للنشر والتوزيع في الجامعة اليمنية، كلية الإدارة والاقتصاد، 2006 م).

36. لندا ل. دافيدوف، مدخل إلى علم النفس، ترجمة: سيد الطواب و محمود عمر و نجيب خزام، (الولايات المتحدة الأمريكية، دار ماكجروهيل للنشر، بالتعاون مع المكتبة الأكاديمية في القاهرة، مصر، 1980 م).

37. محمد سرور حكمت الحريري، إدارة المكاتب - السكرتارية والاستقبال - (الأردن، عمان: دار البداية للطباعة والنشر والتوزيع، 2009 م).

38. محمد سرور حكمت الحريري، علاج الأمراض النفسية بعلم البرمجة اللغوية العصبية والتنويم المغناطيسي، (اليمن - صنعاء: بحث علمي غير منشور 2008م).

الخــطـــة العلمية لتقسيم وترتيب الكتاب:

لقد قمت بترتيب هذا الكتاب وفق خطة عملية منظمة تنظيماً دقيقاً مراعياً فيها أقسـام علم إدارة الأزمات وأنواعه ومداخله المختلفة فكانت الخطة المنهجية لتقسيم الكتاب على النحو التالي:

- المقدمة ثم:

- الباب الأول: قواعد علم إدارة الأزمات وفيه سبعة فصول هي:

- الفصل الأول: خصائص ومميزات علم إدارة الأزمات.

- الفصل الثاني: أهداف علم إدارة الأزمات.

- الفصل الثالث: وظائف إدارة الأزمات.

- الفصل الرابع: مجالات تطبيق علم إدارة الأزمات.

- الفصل الخامس: مصطلحات علمية خاصة بإدارة الأزمات.

- الفصل السادس: مشكلات علم إدارة الأزمات.

- الفصل السابع: ثمرة علم إدارة الأزمات.

- الباب الثاني: التأصيل الإسلامي لإدارة الأزمات وفيه فصلين هما:

- الفصل الأول: إدارة الأزمات في القرآن الكريم.

- الفصل الثاني: إدارة الأزمات في السنة النبوية.

- الباب الثالث: علم إدارة الأزمات وفيه ثمانية فصول:

- الفصل الأول: تعريفات علم إدارة الأزمات.

- الفصل الثاني: خصائص الأزمات.

- الفصل الثالث: كيفية التعامل مع الأزمات الاقتصادية والمالية والإدارية.

- الفصل الرابع: خطوات التعامل مع الأزمات الاقتصادية والمالية والإدارية.

- الفصل الخامس: طرق وأساليب التعامل مع الأزمات الاقتصادية والمالية والإدارية.

- الفصل السادس: المنهج العلمي المتكامل للتعامل مع الأزمات.

- الفصل السابع: كيف نصنع نظام وقاية من الأزمات الاقتصادية والمالية والإدارية.

- الفصل الثامن: حالات عملية وتطبيقية لأزمات حقيقية تبحث عن حلول.

- ثم النتائج والتوصيات.

- ثم الخاتمة.

- ثم قائمة المراجع.

- ثم الفهارس.

وفي نهاية هذا التمهيد العلمي لهذا الكتاب الإداري أرجو اللـه أن أكون قـد وفقـت توفيقـاً جيدا في تأليفي لهذا الكتاب العلمي الهام لكل المؤسسات المالية والشركات الإدارية والمنشآت التجاريـة لتعمل بشكل مستمر ومتواصل مـن العطاء وزيادة الأربـاح ولتتغلـب عـلى كـل مشـكلاتها الإداريـة وأزماتها المالية، كما أرجو أن يقبل هذا الكتاب في مقرر الجامعات العلمية فيدرس لـديهم تحـت مـادة بعنوان إدارة الأزمات، كما أنه أرجو أن أكون قد سددت ثغرة فارغة من الثغور الإداريـة وقمـت عليهـا قياماً علميا كاملاً وأشرفت عليها أكمل إشراف لأسد النقص الحاصل في المكتبة العربية في هذا الموضـوع ولأثري المكتبة العربية بكتاب جديد في موضوعه ومضمونه، راجياً من اللـه التوفيق والقبول والسداد، والحمد لله الذي بنعمته تتم الصالحات، و اللـه الموفق.

كتبه / محمد سرور بن حكمت الحريري

15 / 8 / 2009 م

الباب الأول

قواعد علم إدارة الأزمات

وفيه سبعة فصول هي:

- الفصل الأول: خصائص ومميزات إدارة الأزمات.

- الفصل الثاني: أهداف علم إدارة الأزمات.

- الفصل الثالث: وظائف إدارة الأزمات.

- الفصل الرابع: مجالات تطبيق علم إدارة الأزمات.

- الفصل الخامس: مصطلحات علمية خاصة بإدارة الأزمات.

- الفصل السادس: مشكلات علم إدارة الأزمات.

- الفصل السابع: ثمرة علم إدارة الأزمات.

الفصل الأول

خصائص ومميزات إدارة الأزمات

خصائص ومميزات إدارة الأزمات

إن علم إدارة الأزمات يتميز بخصائص معينة تميزه عن غيره من سـائر العلـوم الأخـرى ومـن هذه المميزات والخصائص ما يلي:

1. إن علم إدارة الأزمات يتصف بصعوبة التطبيق العملي وزيادة درجة الخطر في تطبيق الحلول خصوصاً في ظروف بيئة عدم التأكد من النتائج مع الخوف من المستقبل المجهول إذ أن تجربة الحلول أثناء نزول الأزمات المالية يجعـل الأفكـار أكـثر تقييـداً وضيقاً عنهـا مـن لـو كانـت في ظروف مادية سليمة ومستقرة.

2. إن التعامل مع الأزمات المالية والمشكلات الإدارية يحتاج إلى خبير ماهر مختص في علـم إدارة الأزمات ليسهل على المؤسسات المالية والتجارية حل المشاكل الإدارية والمالية.

3. إن الأزمات تحتاج إلى إدارة خاصة مكتملة للتعامل مع الأزمـات بشـكل كامـل ووفـق دراسـة نظرية علمية يقوم بها أعضاء فريق مكتب إدارة الأزمات ومن ثم يقـوم أعضـاء مكتـب إدارة الأزمات بتطبيق الحل الصحيح بكل ثقة ووفق خطة مرسومة.

4. إن الأزمات هي عبارة عن مواقف حرجة وكوارث مالية صعبة لها تبعات خطيرة وذلك في ظل عدم معرفة المتسبب في هذه المشكلات والأزمات وكذلك في ظل نقص المعلومات وقلة البيانات وكذلك تزايد الضغوط الداخلية من الموظفين والخارجية من العملاء على هذه المؤسسة وبالمقابل عجز المؤسسة عن تلبية الحاجات وتوفير الطلبات للزبائن والعملاء فتصاب الإدارة العليا بالشتات والضعف والعجز وعدم معرفة ماهو التصرف الصحيح في هذه المواقف وعليه تلجأ الإدارة العليا في المؤسسات إلى مكتب إدارة الأزمات ليعمل مكتب إدارة الأزمات على تقديم يد العون للمؤسسة والعمل على إنقاذ المؤسسة من الكوارث المالية وتقديم الحلول المناسبة للإدارة العليا وبالتالي تخرج المؤسسة من هذه الأزمات التي كانت تواجهها ولا تعرف كيفية التصرف فيها إلا بفضل جهود الخبراء والمختصين في مكتب إدارة الأزمات.

5. إن من الخصائص العلمية الهامة للأزمات أنها تقع فجأة دون سابق إنذار وتصل سلبياتها إلى كل شخص داخل المؤسسة أو الشركة وخارجها كذلك.

6. الصدمة العنيفة وشلل الفكر الذي يحصل للموظفين لدى الإدارات المختلفة في المنشآت المالية والتجارية وذلك لهول الصدمة والمفاجأة العنيفة التي لم يكن يتوقعون حدوثها.

7. تداخل المعلومات وتشابك الأفكار وتعقد الظروف وتشتت الجهـود الذهنيـة والفكريـة عنـد مدراء الإدارات العليا والإدارة العامة والإدارة الوسطى والتنفيذية.

8. نقص المعلومات وقلة البيانات التي يحتاج لها المدراء للتعامل مع الأزمات.

9. إصابة متخذي القرارات بالشتات العقـلي والفكري مـع اجتماع الضغوط الماليـة والعمليـة والإنتاجية وكذلك الضغوط النفسية.

10. عدم وضوح الرؤية الفكرية لدى مستويات الإدارات المختلفة وإصابتهم بشلل التفكير وتوقف الإبداع وعدم معرفة كيفية التعامل مع الأحداث والأمور

11. انتشار حالة من الخوف والهلـع والـذعر عـلى المسـتقبل وعـلى الأمـوال والممتلكـات والأرواح والمناصب والوظائف التي يشغرونها الإداريين والمسؤولين.

12. انهيار مفاجئ للمؤسسة التي حصلت فيها الأزمات المالية والمشكلات الإدارية.

13. سقوط سمعة المؤسسة والشركة التي خسرت وانهارت وأصابها العجز المالي.

14. تزايد الضغوط الخارجية من الزبائن والعملاء والزائرين على المؤسسة ولكن المؤسسة بسبب انهيارها وضعفها وخسارتها أصبحت عاجزة عن الصدق في تحقيق رغبات العملاء وغير قادرة على تنفيذ التعهدات والاتفاقيات المبرمة مع الشركات الأخرى أو الأشخاص الآخرين.

15. ظهور حالات التوتر والقلق الفكري وعدم الالتزام الكامل بالعمل من قبل الموظفين والإداريين في الشركات والمؤسسات المالية والتجارية.

16. الخروج عن المعتاد وعن المألوف والتناقض الواضح في أوامر وتصرفات المدراء الإشرافيين ومدراء العموم.

17. المأزق الحاد والموقف الشديد والصعب الذي يصاحب عملية نزول الأزمة المالية أو المشكلة الإدارية على المؤسسات المالية والشركات التجارية

18. عدم قدرة الإدارات الأخرى داخل المؤسسات في التعامل مع الأزمات إلا باللجوء إلى إدارة مكتب إدارة الأزمات ليعمل مدير مكتب إدارة الأزمات على إنقاذهم مما هم فيه من الأزمات المالية والتجارية والكوارث الإدارية وغيرها.

19. سيادة وانتشار حالة من الاكتئاب وضعف وقلة الإنتاج والتشاؤم والإحباط بين الإدارات المختلفة وخصوصاً العليا منها.

20. عدم إحساس الإداريين بإشارات تحذير الأزمات قبل وقوعها نظراً لأنهـم لا يعرفون مـا هـي هذه التحذيرات ويجهلون قيمتها لقلة علمهم بعلم إدارة الأزمات.

21. يعمـل مـدير وأعضـاء مكتـب إدارة الأزمـات عـلى التنبـؤ بالمخـاطر والإحسـاس بالتحـذيرات والاحتياط لحدوث أزمات مالية أو تجارية مع تجهيـز خطـة متكاملـة لكيفيـة مواجهـة وحـل الأزمات المالية أو المشكلات الإدارية.

22. إن الأسباب المؤدية لحدوث الأزمات هي:

- عدم التخطيط المسبق لكل ما يمكن حصوله من خسائر أو مشكلات.

- عدم الإحساس بمؤشرات التحذير والتي تمر على الإداريين.

- عدم التنبؤ بالمخاطر المحتملة الحدوث في المستقبل.

- عدم تجهيز خطة عمل متكاملة للتعامل مع الأزمات والمشكلات.

- عدم وجود مكتب مختص بإدارة الأزمات ضمن المؤسسات المالية والتجارية

- قصور في المعلومات الداخلية والخارجية الواردة للإدارات العليا.

- إهمال الموظفين والإداريين بالأمانة والمسؤولية العملية الموكلة لهم.

- ضعف وتدني مستويات المرتبات والأجور.

- عدم العدل والمساواة في نظام تشجيع الموظفين وترقيتهم.

- تداخل المسؤوليات وعدم تحديد الأعمال.

- ضعف نظام الرقابة والإشراف على العمال والموظفين والإداريين.

- الجهود النفسية والضغوط العائلية التي يواجهها الإداريين والموظفين وترتد عكسياً على مستويات الأداء وضعف الإنتاج وقلته.

- عدم وجود إدارة حكيمة ورشيدة في التعامل مع الأحداث والأمور بحكمة.

- الغش والاحتيال والمكر والخداع الذي يقوم به الموظفين لاستغلال وظيفتهم وما يعود لهم منها من أرباح وزيادة دخول ومنافع شخصية رخيصة.

- غياب الوازع الديني وموت الضمير الوجداني الحي فيعمل الموظفين والإداريين على إهمال وظائفهم ورفع تقارير كاذبة للرئاسات الإدارية وذلك لتغطية عمليات السرقة والغش والنصب والاحتيال وليستمر الموظفين في زيادة مكاسبهم وتحقيق منافع خاصة بهم غير ملتفتين ولا مهتمين بالأمانة العلمية ولا بالسمعة الخارجية للشركة التجارية أو المؤسسة الحكومية.

الفصل الثاني

أهداف علم إدارة الأزمات

أهداف علم إدارة الأزمات

إن هناك أهدافاً علميةً سامية، يسعى المختصون في علم إدارة الأزمات إلى تحقيقها والعمل على تنفيذها وذلك من خلال مكتب إدارة الأزمات ومن هذه الأهداف التي يسعى طاقم وأفراد مكتب إدارة الأزمات على تحقيقها ما يلي: -

1. التنبوء بالأزمات والإحساس بالمشكلات واكتشاف الأخطار والسلبيات والكوارث والصدمات قبل وقوعها وقبل حصولها.

2. وضع خطة مستقبلية متكاملة للتعامل مع الأزمات.

3. رفع التقارير والمعلومات المهمة بشكل مستمر إلى مستويات الإدارة العليا.

4. توجيه النصح والإرشاد لمختلف المستويات الإدارية لتوضح لهم كيفية التعامل مع الأمور وما هو التصرف الحكيم في كل موقف.

5. معالجة الأزمات المالية والقضاء على المشكلات الإدارية في حال حدوثها ووقوعها في المؤسسات المالية والمنشآت التجارية.

6. تخفيف حالة الخوف والذعر كإجراء عملي سريع لمعرفة كيف نواجه الخطر الآن ونشر الأمان وطمأنة الموظفين والعملاء على أنه يمكن لنا

السيطرة على الأزمات والقضاء على المشكلات في ظل الساعات القليلة القادمة.

7. تجهيز دراسات سابقة علمية كاملة لكل الحلول والمقترحات لكل الطرق التي تـؤدي إلى الحـل الصحيح للقضاء على الأزمات.

8. تتبع ورصد كل التحركات ومعرفة كل المستجدات من الأحداث والأخبار والأمور والمعاملات في كل الاتجاهات الأخرى والمقابلة لنا من المؤسسات الأخرى.

9. تحديد الأزمة الحالية بدقة عالية ووصفها بدراسة كاملة فيجب معرفة ما هـي هـذه الأزمـة؟، من المتسبب في حدوثها؟، ما هي الأسباب الباعثة لظهورها؟، ما هـي الأخطـاء التـي إرتكبناهـا لتحصل لنا مثل هذه الأزمة؟، ما هي مناطق القوة لدينا؟، وما هي مناطق الضعف عندنا؟، ما هي إمكانياتنا؟، ماهو الوقت المتاح لنا لإيجاد الحل؟ ما هي حدود سيطرتنا الإدارية؟ مـا هـي درجة ثقة الآخرين بنا والعمل علـى إنقـاذ سـمعتنا قبـل خسـارتها؟، مـا هـي مناطق ضعف الأطراف الأخرى المقابلة لنا والمواجهة لمؤسستنا؟ ماذا لديهم من القوة والإمكانيات؟، مـا هـي أهدافهم العلمية لتدميرها في حالة استمرار مواجهتهم السلبية لمؤسساتنا؟.

10. العمل على خلق روح التعاون ونشر الألفة بين الموظفين فيما بينهم وفي علاقاتهم مع المسؤولين والإداريين.

11. تشجيع الفكر الإبداعي ودعم الأفكار المبتكرة والجديدة في سبيل الحصول على حلول جيدة وجديدة خارجة عن حدود الروتين والجمود القاتل

12. خلق القدرة الحقيقية والقوة الفعلية في مواجهة الأزمات بكل شجاعة وجرأة.

13. إيجاد القدرة على تحمل المصاعب والمتاعب والتدرب على مواجهة الكوارث دون ضعف أو خلل.

14. خلق الرغبة الحقيقية في صفوف الموظفين والإداريين لكسب ولائهم في التعاون مع المؤسسة أو الشركة لتخطي عقباتها المالية والإدارية.

15. التفكير والتخطيط العلمي الجاد لكيفية التغلب على الأزمات المالية والإدارية

16. الحفاظ على الأمن والاستقرار والهدوء وجعل الأمور تسير بشكل جيد دون نقص في الأداء أو ضعف في العزائم.

17. جلب المكاسب وتحقيق النجاحات المتواصلة والتصدي لكل المخاطر.

18. تدمير الأطراف الأخرى المتسببة في الأزمات ومواجهتها بكل ثقة.

19. تقليل درجة ردة الفعل الانعكاسي بعد حصول الأزمة.

20. التخفيف من حدة الأزمات والعمل على تخفيف آثار شدة الأزمات.

21. التجهيز الكامل والاستعداد التام لمواجهة كل الأزمات المحتملة الحدوث.

22. تدريب الموظفين والأعضاء والإداريين في مكتب إدارة الأزمات على القوة والشدة والثقة والشجاعة في استخدام الحلول لمواجهة الأزمات ولحل المشكلات.

23. إخفاء القوة الموجودة لدينا عن أعين الأعداء لعدم استفزازهم وإثارة روح الحسد التنافسي ـ لمؤسستنا.

24. تنبيه الموظفين والإداريين على وجوب التظاهر بالجهل وعدم المعرفة والإدعاء بعدم معرفة الأمور وكيفية حلها.

25. نشر فكرة عدم غرور الموظفين بقواهم وأنفسهم مع زرع الثقة بأنفسهم ودعمهم وتشجيعهم ورفع معنوياتهم والتفاعل مع مشكلاتهم.

26. إعداد وتجهيز كافة المعلومات والبيانات المطلوبة وتحليلها ودراستها والوصول إلى قرار مـوصى بتنفيذه وإتباعه.

27. تقـديم النصـح وإبـداء الآراء والـرؤى السـليمة والصـحيحة لكـل الإدارات لتعـريفهم بكيفيـة التعامل مع المشكلات الإدارية والأزمات المالية.

28. تقديم الحلول الجـادة والأخـاذة و المسـئولة والفعالـة لكـل المسـتويات الإداريـة مـع تقـديم مقترحات عملية بديلة في حالة عدم رغبة الموظفين والإداريين في الحلول الأساسية.

29. التنبيه وتوجيه إشارات التحذير لاحتمال وجود مخاطر محتملة الحدوث مع بيان كيفية الحل وتدابير اتخاذ الإجراءات الاحتياطية للتصدي للأزمات ترفع على شكل ملف رسمي مـن سـكرتير مدير مكتب إدارة الأزمات إلى سكرتير مكتب رئاسـة مجلـس الإدارة بشكـل رسـمي لإخـلاء المسؤولية.

30. الاجتماع الدوري لكل أعضاء وموظفي ومدراء الإدارات الأخرى لتنبـيههم عـلى اتخـاذ قـوانين معينة وإجراء خطوات محددة للتعامل مع الأزمات

إن أهداف علم إدارة الأزمات هامة فعلاً لأنها تسعى لإنقاذ المؤسسات المالية والشركات التجارية من الأزمات والمشكلات ساعية لبذل قصارى جهود المدراء والموظفين على تخطي الصعاب والمشكلات الإدارية.

إن هذه الأهداف العلمية السابقة لا يمكن تحقيقها إلا بواسطة أعضاء وفريق عمل مكتب إدارة الأزمات والموجود في داخل الهيكل التنظيمي للمؤسسة وضمن الأقسام الإدارية للمنشآت التجارية.

لقد كانت إدارة الأزمات حقاً إدارةٌ "عليا سامية" في مبادئها وأهدافها، حيث أنها تعمل على تخطي الصعوبات بكل هدوء، وتعمل على إيجاد حل لكل الأزمات المالية والمشكلات التجارية والإدارية في حالة حدوث الأزمات ووقوعها كما أنها تعمل على الابتعاد عن المشكلات والاستعداد للازمات والاحتياط الكامل لمواجهة الكوارث والأزمات والصدمات والمشكلات مع تبني آلية عجيبة علمية وإبداعية في نفس الوقت للعمل على حل الأزمات المالية والمشكلات الإدارية.

الفصل الثالث

وظائف إدارة الأزمات

وظائف إدارة الأزمات

إن هناك مجموعة من الوظائف التي يقوم بها مكتب إدارة الأزمات ويعمـل مـدير مكتـب إدارة الأزمات جاهداً على تنفيذها بكل ما يملك من قوة وذلك بالتعاون مـع أعضـاء ومـوظفي مكتب إدارة الأزمات ومن هذه الوظائف التي هي من إختصاص عمل مكتب إدارة الأزمات ما يلي:

1. مراقبـة الأمـور والمعاملات والتحركـات ورصـدها بدقـة سـواء كانـت علـى المستوى الـداخلي للمؤسسة أو على المستوى الخارجي والمتمثل بـالعملاء والزبـائن وتحقيـق رغبـاتهم وطريقـة تعاملاتهم.

2. التركيز التام على الجهات المنافسة للمؤسسة ومعرفة أهدافها ومخططاتها.

3. التخطيط السابق والتوقع المسبق والتنبـؤ والاستعداد التـام لمواجهة كـل الأزمـات المحتملـة الحدوث في المستقبل وذلك بعد مباشرة تنفيذ العمل في المؤسسة.

4. إعداد خطة عمل كاملة تامة وافية بكل المعلومات والبيانات والأرقام المطلوب معرفتها وذلـك لمعرفة حدود الإمكانيات المتاحة للمؤسسة.

5. التنظيم للعمليات المالية في المؤسسة وتنظيم الإدارات والعمل على تنسيق الأمور والقرارات الإدارية وتحديد طريقة التواصل مع الإداريين والموظفين.

6. إصدار الأوامر والتوجيه وتقديم الآراء في الأوقات المناسبة قبل فوات الأوان لكل الأعضاء والموظفين والإدارات المختلفة وذلك بالتعاون وبالاجتماع اليومي وبالاتفاق مع رئاسة مجلس الإدارة ومستويات الإدارة العليا.

7. الرقابة والإشراف والمتابعة لكل الأعضاء والموظفين الداخليين وكذلك للعملاء والزبائن والزائرين الخارجيين للمؤسسة.

8. تشغيل وتشجيع الموظفين الأكفاء والماهرين والقادرين على التعامل مع الأزمات بفكر مستنير وبذكاء خارق وبدهاء شديد وبشجاعة وصبر وحكمة.

9. التدخل المناسب في الوقت المناسب وإجراء العلاج المناسب للأزمات.

10. التحليل العلمي السريع للأزمات والمشكلات المادية.

11. المواجهة الشجاعة دون تردد أو نكوص أو خوف للجهات المتسببة في الأزمات.

12. تدريب الموظفين والعاملين والمدراء على كيفية مواجهة الأزمات وحل المشكلات الإدارية بكل فن ومهارة وحنكة وحكمة إدارية.

13. دراسة وتقدير المواقف وتحليلها تحليلاً علميا صحيحاً مع الخروج من هذه الدراسات بقرارات معينة وقوانين محددة.

14. معرفة وتحديد القوى والجهات التي صنعت الأزمة ومعرفة حدودها وإمكانياتها ونقاط ضعفها وأهدافها وذلك للتصدي لها ومواجهتها.

15. المعرفة التامة بكيفية حصول الأزمة ولماذا حصلت ووقعت هذه الأزمة بالذات في هذا الوقت بالذات ومن هم الأشخاص الذين يحتمل أن يكونوا مصدر عميل أو عناصر مدسوسة خفية في صفوف المؤسسة.

16. وضع خطة لامتصاص الأزمات ولحل المشكلات وللتخفيف من حدة وآثار الأزمات السلبية والعمل على إعادة البناء وإعادة الهيكلة والتجديد مع الاستفادة من تجارب وأخطاء الماضي لكي لا تكرر نفس الأخطاء.

17. تحديد ومعرفة الأماكن الآمنة والمناطق المستقرة للرجوع والاستناد إليها.

18. معالجة الآثار السلبية للأزمة واتخاذ نظام حماية قوية للوقاية من الأزمات.

19. تشكيل لجنة عمل خاصة وطارئة لتبحث كل الأطر والحدود والمقومات الخاصة بالأزمة مكونة من أفضل المدراء والموظفين الماهرين والقادرين على

التفكير بطرق إبداعية جديدة وذلك بالتعاون مع الموظفين المختصين في إدارة الأزمات.

20. التقليل من شأن الأزمات أمام الآخرين وذلك بعد السيطرة عليها والتخفيف من تأثير الأزمات والتصدي للآثار السلبية للأزمات.

21. تكوين فريـق عمـل دائـم للتصدي للأزمات متمـثلاً في أعضـاء فريـق مكتب إدارة الأزمـات المبدعين والمفكرين والأذكياء.

22. الاستعداد والاحتياط الكامل لكل خطر ممكن الحدوث ولكل أزمة محتملة.

23. تحليل ودراسة المواقف الأزموية والقدرة على التوصل السريع للحل المناسب والقوي والفعـال لعلاج الأزمة والقضاء عليها.

24. تثبيت قرارات معينة وإعلان قوانين واضحة ومحددة والعمل عـلى إتباعها والتحـذير مـن مخالفتها في كل الإدارات وإعلان إخلاء المسؤولية عند مخالفتها.

25. تكوين فريق عمل يقوم المهمات الاستطلاعية والاستكشافية ليمد الإدارة المختصة بالمعلومات الصحيحة وبالأرقام المطلوبة وبالبيانات الكاملة والوافيـة والتـي يحتاجها جهـاز مكتـب إدارة الأزمات وموظفيه و مدرائه و مسؤوليه.

26. تحديد قواعد التعامل المباشر مع الأزمات وإعلام الموظفين بالخطوط الحمراء التي لا ينبغي تجاوزها وتشجيع الموظفين على رفع التقارير السرية للإدارة العليا وللمراقبين والإشرافيين.

27. تدريب أعضاء ومدراء وموظفي مكتب إدارة الأزمات تدريباً إدارياً كاملاً.

28. حسن الإعداد والتخطيط واستخدام مهارات التفكير الإبداعي والإبتكاري.

29. تحديد الوظائف وتقسيم الأدوار تقسيماً إدارياً واضحاً مع تشكيل لجنة للمراقبة والإشراف واتخاذ نظام عقوبات للمخالفات المقصودة والمتعمدة.

30. وضع نظام حوافز للمتعاونين والموالين وإعلان زيادة المرتبات لكل المتعاونين وإتباع نظام الترقيات الوظيفية للمخلصين والجادين في عملهم.

31. تحديد ومعرفة المدى الزمني وتحديد المدة الزمنية المحددة للسيطرة على الأحداث والأمور وإلا أصبحت خارجة عن السيطرة وعن نظام إرادتنا.

32. السرعة في استيعاب وفهم وتقبل الأزمة والسرعة في القدرة على تحليلها وكيفية حلها والتعامل معها مع توفير الحرية الكاملة للموظفين في إبداء آرائهم وتوجيهاتهم ونصائحهم وكذلك السرعة في القدرة على امتصاص

التوتر وتقليل الاضطراب ونشر الأمن والأمان وأفكار الهدوء وطمأنة الموظفين.

33. الدقة المتبعة والواجب توفيرها في إتباع نظم السلامة والأمان والتي يتعين إتباعها في أحيان كثيرة ضمن الأنظمة الإدارية في المؤسسة.

34. استغلال الفرص و انتهاز المواقف في التعامل مع الأمور ومعرفة كل الطرق المؤدية للحل الأمثل كمعرفة من يمكن شراؤه ومن يمكن أن يتطوع مع النظام ومن يمكن أن يتعاون ومعرفة من هم الأصدقاء الحقيقيين ومن هم الأعداء.

35. الاقتصاد والتوفير في هدر الطاقات والحد من ضياع الجهود العقلية والفكرية والذهنية وتسليط الأضواء على مصدر الأزمة الرئيسي وترك المشتتات الفكرية.

الفصل الرابع

مجالات تطبيق علم إدارة الأزمات

مجالات تطبيق علم إدارة الأزمات

إن هناك العديد من المجالات الميدانية الكثيرة المختلفة والمتنوعة في الميدان العملي وذلك باستخدام علم إدارة الأزمات وهنا يأتي دور عمل وتطبيق أفكار وقرارات المختصين في علم إدارة الأزمات في مختلف التخصصات الإدارية والتجارية ومن هذه المجالات التي يمكن تطبيق علم إدارة الأزمات فيها ما يلي:

1. البنوك والمؤسسات المالية والبنوك التجارية والمصارف والبنوك التجارية والإسلامية والبنوك المتخصصة والزراعية والعقارية والبنوك المركزية.

2. الشركات التجارية وشركات التصدير والاستيراد.

3. المنظمات الخدمية مثل المدارس والمستشفيات والمراكز العلمية والفنادق

4. الهيئات السياسية والجهات الدبلوماسية والمكاتب الرسمية التابعة للدول والحكومة والأمن العام مثل السفارات والمراكز الثقافية العلمية والجاليات الدولية والملحقات الأمنية والملحقات الثقافية.

5. الوزارات والمنظمات الحكومية ومكاتب العمل الحكومي.

6. المنظمات الرأسمالية والتي تعتمد على تحقيق الربح وزيادة معدلات نمو العائد بشكل أساسي وتزن الأمور بميزان المال وزيادة تحقيق المكاسب.

7. الهيئات الخدمية والتي تعتمد على تقديم الخدمات دون الاهتمام بالأرباح والمنظمات الغير ساعية للربح.

8. المؤسسات الصحية والمراكز الطبية والمستشفيات ومراكز رعاية الصحة الجسدية والنفسية والصيدليات ومراكز توزيع الأدوية.

9. المؤسسات الأمنية والجهات المعنية بالأمن والمحافظة على الاستقرار والأمن والأمان والمؤسسات المهتمة بملاحقة المجرمين والمخربين والإرهابيين.

10. المكتبات العلمية ودور النشر والطباعة والتوزيع ودور المخطوطات العلمية.

11. مؤسسات شرطة المرور ومراكز متابعة المخالفات المرورية للسيارات

12. المدارس الحكومية والمدارس الأهلية والخاصة.

13. الإدارات المختلفة بكل أنواع وأقسام الإدارات المختلفة العليا والمتوسطة.

14. وزارة الأوقاف والدعوة والإرشاد في توجيه الخطباء لتثقيف المجتمعات وتعليمهم وتنبيههم على الأخطاء وتحذيرهم من المخالفات الأخلاقية وبث روح الإيمان والأمن والأخوة والتعاون فيما بينهم.

15. المصانع التجارية ومصانع إعادة التشغيل ومصانع تكملة التصنيع والتركيب والتجهيز ومصانع الاختراعات الجديدة والابتكارات العلمية ومصانع التجميع لقطع الغيار وإعادة هيكلة وتركيب الأدوات والآلات والمعدات.

16. الأسر والعائلة ومنازل الأسر والعوائل والأشخاص وفهم وتحليل المشكلات والأزمات التي يمرون بها والعمل على تقديم النصح والمقترحات لمساعدتهم على تخطي الصعوبات والمشكلات التي يواجهونها.

17. الجامعات الحكومية والجامعات الأهلية والخاصة وكليات المجتمع المتوسطة والكليات الأكاديمية وكليات الطب والهندسة والطيران وكليات الدراسات الإنسانية والنفسية والاجتماعية.

18. المراكز التجارية والتجمعات التسويقية والمحلات التجارية.

19. الفنادق السياحية والفنادق التجارية والمكونة من نظام النجمتين وحتى نظام الخمسة النجوم والفنادق الراقية والفنادق الملكية.

20. المنتجعـات السـياحية والمنتزهــات الترفيهيــة وأمــاكن السـهرات وإحيـاء الحفـلات الليليـة والنشـاطات الترفيهيـة الليليـة في الصـالات الفخمـة المخصصـة للترفيـه الهـادئ والجلسـات الرومانسية الليلية الهادئة.

21. مراكز الاتصالات والإنترنت والفاكس وتوصيل المعلومات بواسطة الأجهزة السلكية واللاسلكية.

22. مؤسسات البريد العادي والبريد العاجل والبريد المستعجل والبريد الممتاز.

23. مكاتب التسويق الخدمي لتقديم الخدمات ومكاتب التسويق الإنتاجي للسلع.

24. مصانع الأغذية والمعلبات ومصانع العصائر والمواد الغذائية.

25. مصانع الملابس ومصانع الغزل والنسيج وتصنيع الملبوسات القطنية وغيرها.

الفصل الخامس

مصطلحات علمية خاصة بإدارة الأزمات

مصطلحات علمية خاصة بإدارة الأزمات

إن هناك مصطلحات و كلمات علمية خاصة بعلم إدارة الأزمات يمكن استخدامها بكثرة في أثناء القيام بالعمل داخل مكتب إدارة الأزمات من هذه المصطلحات العلمية والكلمات الخاصة بعلم إدارة الأزمات ما يلي: -

1. CRISIS MANAGEMENT: إدارة الأزمات.

2. crises management: إدارة الأزمات.

3. emergency: شدة، طارئ، أزمة.

4. impasse: أزمة، ضرورة.

5. problem: مشكلة، معضلة.

6. catastrophe: مصيبة.

7. disaster: محنة.

8. calamity: مشكلة، كارثة.

9. losses: خسائر.

10. weakness: عجز.

11. feebleness: نقص.

12. inability: قصور.

13. strong crises: أزمة قوية.

14. crises hard: أزمة صعبة.

15. grave: خطير.

16. serious: حرج.

17. important: مهم.

18. calamity: نكبة.

19. disaster: شدة.

20. catastrophe: أزمة، نكبة.

21. tragedy: فاجعة، كارثة.

22. suddenly: مفاجأة، فجأة

.

23. unexpectedly: بشكل غير متوقع.

24. gathering: اجتماع معين.

25. meeting: لقاء.

26. convention: اتفاقية أجريت في مؤتمر.

27. crash: انهيار.

28. collapse: خسارة، فقدان.

29. plot: مؤامرة.

30. conspiracy: مؤامرة خداع.

31. scheme: تدبير مكيدة.

32. foundation: مؤسسة.

33. establishment: مجموعة قوانين لمؤسسة ما.

34. apparatus: جهاز عمل.

35. stalemate: إحراج شديد، وقوع في مأزق.

36. predicament: مأزق معين.

37. tragedy: مأساة، حدث مأساوي.

38. creation: إبداع.

39. originality: أصالة الإبداع.

40. excitement: حدث مثير.

41. deception: خداع.

42. deceit: المخادعة.

43. duplicity: مكر.

44. trick: غدر وخيانة.

45. destruction: تخريب، تدمير.

46. subversion: دمار، هدم.

47. planning: تخطيط.

48. sketch: خطة، رسم تخطيطي.

49. streak of planning: سلسلة متصلة من التخطيط.

50. panic: رعب.

51. scare: فزع، هلع.

52. effort: جهد عملي.

53. attempt: محاولة اعتداء.

54. onerous: مرهق، مجهد.

55. cause: يسبب قضية.

56. motive: محرك الفكرة الرئيسية.

57. developments: تطورات ومستجدات الأحداث والأمور.

58. impossible: مستحيل.

59. hopeless: اليأس والاستحالة.

60. debt: دين، قرض.

61. liability: مسؤولية قانونية لعدم الوفاء بالدين أو القرض.

62. loan: قرض، استدانة.

63. deliver: تسليم أو تسديد.

64. direct: توجيه مباشر.

65. settle: سداد الدين.

66. survey: فحص وتقدير.

67. exploration: استكشاف، استطلاع.

68. correction: إصلاح الأوضاع.

69. renovation: تجديد.

70. renewal: إعادة تجديد.

71. snoop: تجسس.

72. spying: تطلع واستماع ومراقبة.

73. retaliation: انتقام.

74. to seize or take the opportunity: انتهاز الفرصة.

75. deliverance: إنقاذ وتخليص ومساعدة.

76. intelligence: ذكاء.

77. intelligence: استخبارات.

78. cleverness: براعة، دهاء.

79. commercial: برنامج تجاري.

80. agency: وكالة مكتب تجاري.

81. treatment: معاملة مالية.

82. intercourse: تعامل وإقامة علاقة.

83. pact: معاهدة دولية.

84. compelled: إجبار، اضطرار.

85. insurance: شركة تأمين.

86. assurance: معاهدة تأمين وسلامة.

87. guarantee: كفالة، ضمان.

88. competition: تنافس.

89. jealousy: الحسد التنافسي.

90. undo: حل المشكلة.

91. administrator: المدير.

92. reaction: ردة فعل انعكاسية.

93. treatment: معالجة المعاملة.

94. treating: معالجة المشكلة.

95. experiencing: معاناة وآلام الأزمة.

96. profit: أرباح، فوائد.

97. project: مشروع عمل.

98. scheme: مخطط.

99. discipline: انضباط في نظام التدريب.

100. system work: نظام عمل.

101. inquiry: تحقيق بواسطة الاستجواب.

102. control: توجيه وتحكم.

الفصل السادس

مشكلات علم إدارة الأزمات

مشكلات علم إدارة الأزمات

إن هناك العديد من المشكلات العلمية التي يواجهها علم إدارة الأزمات، كما توجد هناك الكثير من العقبات والصعوبات التي تقف عائقاً في طريق عمل إدارة الأزمات ومن هذه المشكلات العلمية ما يلي:

1. الندرة النسبية للكتب المهتمة بإدارة الأزمات وقلة الأبحاث العلمية المتخصصة في مجال علم إدارة الأزمات.

2. عدم وجود مراجع علمية إدارية موسوعية في علم إدارة الأزمات نظراً لنسيان علماء الإدارة لأهمية هذا العلم في مواجهة المشكلات المادية والإدارية.

3. عدم وجود الأقسام العلمية المتخصصة في مجال علم إدارة الأزمات على الرغم من أهميته ومكانته في علم الإدارة.

4. نسيان وتغافل وجهل الإدارات العليا لأهمية إنشاء قسم مختص متكامل لإدارة الأزمات في المؤسسات المالية والشركات التجارية.

5. قلة وجود متخصصين مهرة وأذكياء قادرين على استخدام مهارات التفكير الإبداعي والإبتكاري والتجديدي.

6. ندرة وضعف وقلة المهارات الشخصية والتطورات العلمية الفكرية لـدى الإداريـين والمـوظفين والمسؤولين.

7. وقوع المدراء والمسؤولين والموظفين في نفس الأخطاء الماضية وسلوكهم طـرق تقليديـة قديمـة أثناء بحثهم عن حلول لأزماتهم الماليـة والتجاريـة دون أن يسـلكوا طـرق جديـدة إبداعيـة و إبتكارية.

8. عدم تعاون وتكاتف الموظفين مع بعضـهم البـعض، كـما أن هنـاك صـعوبة وتكلـف وعقبـات للتواصل مع المدراء والمسؤولين واللقاء بهم لإعطائهم معلومات.

9. صعوبة اللقاء الدوري المتكرر والمتجدد لكل المدراء والمسؤولين والموظفين.

10. التزييف والتغيير في المعلومات الصادرة والواردة في الملفات والتقارير الرسمية من وإلى الإدارة العليا وذلك لتغطية عمليات العجز المالي وضعف الإنتاج.

الفصل السابع

ثمرة علم إدارة الأزمات

ثمرة علم إدارة الأزمات

إن لإدارة الأزمات نتائج جيدة وآثار إيجابية كثيرة كما أن لعلم إدارة الأزمات ثمرات رائعـة يقطفها ويستفيد منها المهتمون بعلم إدارة الأزمات ولا يشعر بأهميـة تطبيـق علـم إدارة الأزمات إلا الأشخاص والمؤسسات التي وقعت في أزمـات ثـم تخلصت منها بفضل جهـود مـوظفين مكتـب إدارة الأزمات فيعملون على إعطاء مكتب وجهاز إدارة الأزمات جل اهتمامـاتهم وكـل صـدقهم وتشـجيعهم ودعمهم وذلك لما لمسوه من آثار إيجابية ونتائج علمية حقيقية سـاهمت في رفع معدلات الإنتاجيـة وزيادة معدلات الأداء الوظيفي كما ساهمت في تخطي مرحلة الخطر وتجاوز الصعوبات التي كانـت قائمة في ما مضى في المؤسسات والشركات والمنشآت المالية والتجارية والإدارية وغيرها ومن هذه النتائج التي ظهرت نتيجة لاستخدام قوى مكتب إدارة الأزمات ما يلي:

1. إدارة الأزمات هي إدارة تبحـث بشـكل خـاص عـن تأصيل الأخـلاق العليـا وتنظيـم القـوانين الإدارية والعمل على رفع المعنويات والبحـث عـن الأسـباب والحلـول للمعضـلات والمشـكلات والأزمات بطرق علمية إبداعية متطابقة مع الأصول العلمية والمناهج الأخلاقية.

2. تعمل إدارة الأزمات على وقف هدر الجهود وإيقاف هـدر القـدرات والعمـل علـى اسـتغلال الفرص وتنظيم الأوقات بشكل يتناسب و العمل الإداري والمسؤوليات المكتبيـة الموكلـة لعـدة أقسام إدارية متخصصة في المؤسسات المالية والتجارية.

3. عدم السماح باستفحال الأزمات ومنع تفاقم المشكلات المالية والإدارية.

4. العمل على تقوية الروابط القائمة بين الأفراد والمدراء وإزالة العقبات الوهمية وحل المشكلات العملية القائمة بين الموظفين و مدرائهم.

5. حل المشكلات المالية وتخطي العقبات العملية وعـلاج الأزمـات الماليـة والإداريـة وتقـديم الحلول المناسبة والقوية والفعالة والسريعة المفعول للقضاء على الأزمات المالية والتجارية.

6. القضاء على الأزمات بأسلوب علمي دون حدوث مضاعفات أو خسارات فادحة.

7. العمل على إنقاذ الأفراد والمؤسسـات والشـركات والمـنظمات مـن أزمـاتهم الماليـة والتجاريـة والإدارية.

8. تقديم المشورة بكل أمانة علمية وبكل مصداقية للأشخاص الواقعين في الأزمـات والحـائرين في تصرفهم مع أزماتهم.

9. الترميم للأقسام وكل ممتلكات المؤسسات وإعادة الهيكلة الإدارية الرسمية وتجديد روح العمل لدى الأشخاص الموظفين وإصلاح الأوضاع الفاسدة.

10. الاقتصاد في استخدام الجهود المبذولة في الأعمال الأخرى الغير متعلقة بالأزمة المالية أو المشكلة الإدارية والمعضلة التجارية.

11. تعويض الخسارات وذلك لأن إدارة الأزمات تقوم بتخزين احتياطي معين من الأموال والمعلومات والملفات الخاصة بعملها وما تحتاج إليه من أرقام وحسابات وبيانات علمية وإدارية ومالية حتى أن من مهام إدارة الأزمات الاجتماع الفوري واللقاء الطارئ مع رئاسة مجلس الإدارة في أي وقت شاء مدير مكتب إدارة الأزمات وبالتالي لديه من الصلاحيات لمعرفة المعلومات السرية والأرقام الخفية.

12. الحصول على المعلومات الصحيحة والدقيقة بلا تغيير أو تزييف وذلك ليبني مكتب إدارة الأزمات عمله عليها وبناء على ضوئها يستمد القوانين والقرارات التي سوف يصرح بها ويعلن عنها.

13. تحقيق أهداف الإدارة العليا ومساعدة الإدارات الأخرى على تحقيق أهداف عملها في المجال العملي والميداني.

14. عدم إشغال الموظفين الغير المختصين بإدارة الأزمات بهذه الأزمة والعمل على تهيئة الأجواء المناسبة للمدراء الآخرين في أقسام الإدارات المختلفة.

15. زيادة الأرباح ورفع مستويات الإنتاج وزيادة الإنتاج وتحسين وتطوير العمل الإداري وتصحيح الأخطاء التجارية والمالية والإدارية.

وبهذا نكون قد توصلنا إلى نهاية الباب الأول وها نحن سندخل في الباب الثاني إذ سيعرفنا هذا الباب بأهمية علم إدارة الأزمات حيث أن له جذور إسلامية وأصول شرعية تدعم هذا العلم الإداري الجديد النافع في تطبيق قواعده في كل المجالات.

الباب الثاني

التأصيل الإسلامي لإدارة الأزمات

وفيه فصلان هما:

- الفصل الأول: إدارة الأزمات في القرآن الكريم.

- الفصل الثاني: إدارة الأزمات في السنة النبوية.

الفصل الأول

إدارة الأزمات في القرآن الكريم

إدارة الأزمات في القرآن الكريم

لقد قمت بتثبيت وتدوين علمي وذلك كتأصيل إسلامي شرعي لعلم إدارة الأزمات، وقمت بوضع مقارنة عملية لكل المعلومات الخاصة بإدارة الأزمات وما يقابلها ويوافقها من معلومات صحيحة ثابتة في الشريعة الإسلامية وخصوصاً من مصدرين راسخين في جذورهما العلمية حيث يمكن للباحث والمؤلف الاعتماد عليهما كأسس علمية قوية فيمكن الاستناد إليهما حيث أنهما يعتبران من أصدق وأفضل المصادر وأقواها وهذان المصدران هما:

1. المصدر الأول: القرآن الكريم.

2. المصدر الثاني: الأحاديث النبوية الشريفة الصحيحة.

وفي البداية سأقدم العمل الذي قمت به مستنداً إلى القرآن الكريم في التأصيل الإسلامي لعلم إدارة الأزمات وهذه هي الآيات الكريمة التي لها دلالة واضحة وعلاقة قوية ونظير ظاهر وذلك لأني قمت بعمل مقارنة علمية لكل المعلومات الخاصة بإدارة الأزمات والتي لها جذور وأصول وقواعد إسلامية شرعية وذلك بترتيب وترقيم وتنظيم على النحو التالي:

1. إن تاريخ الحياة منذ بدء الخلق على هذه الأرض إلى يومنا هذا تاريخ مؤسف وصعب وشـديد للأسف، ومن الواجب على الإنسان المسلم أن يشق طريقـه في هـذه الحيـاة وهـو يعلـم علـم اليقين أن هذه الحياة مليئة بالأشواك والمخاطر، لقد تأصـلت أزمـة البـلاء والابتـلاء والامتحـان وتثبتت كقانون إلهي لابد أن يمضي على كل البشر، فقد قال الـلـه تعـالى: (ألم، أحسـب النـاس أن يتركوا أن يقولوا آمنا وهم لا يفتنون، ولقد فتنا الـذين مـن قبلهم فليعلمن اللـه الـذين صدقوا وليعلمن الكاذبين) (سورة العنكبوت، آية 1، 2، 3)، إن أزمة البلاء وأزمـة الابتـلاء وأزمـة وقوع الفتن والمصائب للبشر مادامت الحياة مستمرة ومادام هذا الإنسان يعيش علـى هـذه الأرض فلابد من حصول الأزمات والابتلاءات وذلك كسنة إلهية كونية قائمة، قال الـلـه تعـالى: في سورة البقرة آية رقم: 155 + 156 (ولنبلونكم بشيء من الخوف والجوع ونقص من الأموال والأنفس والثمرات وبشر الصابرين، الذين إذا أصابتهم مصيبة قالوا إنا لله وإنا إليه راجعون).

2. أزمة تفضيل الناس على بعضهم البعض واختـلاف طبقـات وتفـاوت درجـات النـاس الإداريـة والوظيفية، قال الـلـه تعالى: في سورة الأنعام آية رقم 165: (وهو الذي جعلكم خلائـف الأرض ورفع بعضكم فوق بعض درجات ليبلوكم في ما آتـاكم إن ربك لسريـع العقـاب وإنـه لغفـور رحيم).

3. أزمة الاعتداء على الناس والأشخاص المسالمين والغير المعتدين وحرمة التعرض بالإيذاء للناس المسالمين حتى ولو كانوا من الكفار، قال اللـه تعالى: في سورة البقرة آية رقم 190: (وقـاتلوا في سبيل اللـه الذين يقاتلونكم ولا تعتدوا إن اللـه لا يحب المعتدين).

4. البحث عن الطرق السلمية في حـل الأزمـات والكـوارث والمشـكلات واللجـوء إلى السـلام وإلى الصلح والعفو بدلاً من القتال والمعارك الغير مجدية، قال اللـه تعالى: في سورة الأنفال آية رقم 61 (وإن جنحوا للسلم فاجنح لها وتوكل على اللـه).

5. النهي عن الفسـاد والإفسـاد في الأرض وتحذير الناس من انتشار أزمـة الفسـاد وتطبيـق قـانون صارم وشديد على المفسدين، قال اللـه تعالى: في سورة المائدة: رقم الآية 33 + 34: (إنما جـزاء الذين يحاربون اللـه ورسوله ويسعون في الأرض فساداً أن يقتلوا أو يصلبوا أو تقطع أيـديهم وأرجلهم من خلاف أو ينفوا من الأرض ذلك لهم خزي في الدنيا ولهم في الآخرة عذاب عظـيم، إلا الذين تابوا من قبل أن تقدروا عليهم فاعلموا أن اللـه غفور رحيم) وقال اللـه تعـالى: ناهيا ومحرما عن ممارسة الفساد في الأرض: في سورة البقرة آية رقـم 60 (ولا تعثوا في الأرض مفسدين).

6. الاحتياط والاستعداد والتخطيط والتجهيز والتهيؤ لمواجهة الأزمات، قال اللـه تعـالى: في سـورة الأنفال رقم الآية 60 (وأعدوا لهم ما استطعتم من قوة ومـن ربـاط الخيـل ترهبـون بـه عـدو اللـه وعدوكم وآخرين من دونهم لا تعلمونهم اللـه يعلمهم).

7. النهي عن نقض المعاهدات فهي تشكل أزمة ومصيبة وكارثة، قال اللـه تعـالى: في سورة البقـرة آية رقم 27 (الذين ينقضون عهد اللـه من بعد ميثاقه ويقطعون ما أمر اللـه بـه أن يوصـل ويفسدون في الأرض أولئك هم الخاسرون) وقال اللـه تعالى في نفس السورة في آية رقم 177 (والموفون بعهدهم إذا عاهدوا) وقال اللـه تعالى في سورة المائدة رقم الآية 1 (يا أيهـا الـذين آمنوا أوفوا بالعقود) وقال اللـه تعالى في سورة النحـل آية رقـم 91 (وأوفـوا بعهد اللـه إذا عاهدتم ولا تنقضوا الأيمان بعد توكيدها وقد جعلتم اللـه عليكم كفيلا إن اللـه يعلـم مـا تفعلون).

8. الأمر بالعدل ووجوب الحكم بالعدل وحرمة الظلم فإن الظلم سبب لظهور الأزمات قال اللـه تعالى في سورة النساء آية رقم 58: (وإذا حكمتم بين الناس أن تحكموا بالعـدل) وقال اللـه تعالى في سورة النحل آية رقم 90 (إن اللـه يأمر بالعدل والإحسان).

9. التثبت من الأخبار والتأكد مـن المعلومـات وعـدم التسـرع في اتخاذ القرارات فإن العجلـة والاستعجال سبب للوقوع في الأزمات، قال اللـه تعالى: في سورة الحجرات آية رقم 6 (يا أيهـا الذين آمنوا إن جاءكم فاسق بنبأ فتبينـوا أن تصيبوا قوما بجهالة فتصبحوا عـلى مـا فعلـتم نادمين).

10. حرمة شهادة الزور والنهي عن الشهادة الكاذبة الآثمة فإن شهادة الزور تسبب ظهـور الكثير من الأزمات وتعطي معلومـات كاذبة وغـير صـحيحة للآخـرين وبالتـالي لا تسـتطيع الجهـات المسئولة اتخاذ القرارات الصحيحة بل تزيدها هذه الشهادات الكاذبة وهذه المعلومـات الغـير صحيحة تخبطاً وتزيد الموقف حدة وصعوبة وبالتـالي كانـت شهادة الكـذب وشهادة الظلـم وشهادة الزور حرام قال اللـه تعالى: في سورة الفرقان آية رقم 72 (والـذين لا يشـهدون الـزور وإذا مروا باللغو مروا كراماً) وقال اللـه تعالى: محذرا من شهادة الزور وذلك في سورة الحج آية رقم 30 (واجتنبوا قول الزور) وقال اللـه تعالى في سورة المائدة آية رقم 106 (يا أيها الذين آمنوا شهادة بينكم إذا حضر أحدكم الموت حين الوصية اثنان ذوا عدل منكم أو آخـران من غيركم إن أنتم ضربتم في الأرض فأصابتكم مصيبة المـوت تحبسونهما مـن بعد الصلاة فيقسمان بالله إن ارتبتم لا نشتري به ثمنا ولو كان ذا قربى ولا نكتم شهادة اللـه إنا إذاً لمـن الآثمين).

11. الحث على عدم الملل وعدم النكوص وعدم اليأس في البحث عن الحلول والحث على مداومة البحث والجد والعمل على الخروج من الأزمات والمآزق، قال الله تعالى: في سورة آل عمران رقم الآية 137 + 138 + 139 + 140 (قد خلت من قبلكم سنن فسيروا في الأرض فانظروا كيف كان عاقبة المكذبين، هذا بيان للناس وهدى وموعظة للمتقين، ولا تهنوا ولا تحزنوا وأنتم الأعلون إن كنتم مؤمنين، إن يمسسكم قرح فقد مس القوم قرح مثله وتلك الأيام نداولها بين الناس).

12. الإشادة والحث على استخدام الحكمة الإدارية في القضاء على الأزمات، قال الله تعالى: في سورة البقرة آية رقم 231 (واذكروا نعمة الله عليكم وما أنزل عليكم من الكتاب والحكمة يعظكم به) وقال الله تعالى مشجعاً على البحث عن الحكمة وتطبيقها في علاج الأمور وحل الأزمات: في سورة البقرة: آية رقم: 269 (يؤتي الحكمة من يشاء ومن يؤت الحكمة فقد أوتي خيراً كثيرا وما يذكر إلا أولو الألباب).

13. الحث على استعمال الفكر واستخدام العقل وتحريك الذهن وإعمال العقل في التفكير الإبداعي للبحث عن الحلول المناسبة للخروج من الأزمات، قال الله تعالى: في سورة البقرة آية رقم 44 (أتأمرون الناس بالبر وتنسون أنفسكم

وأنتم تتلون الكتاب أفلا تعقلون؟؟ !!). وقال الله تعالى: في سورة البقرة آية رقم 242 (كذلك يبين الله لكم آياته لعلكم تعقلون) وقال الله تعالى في سورة آل عمران آية رقم 190 (إن في خلق السموات والأرض واختلاف الليل والنهار لآيات لأولي الألباب).

14. الحث على العمل والتشجيع على الاجتهاد في البحث عن الحلول والأمر بالجد والاجتهاد للتخلص من الأزمات بكل الطرق الممكنة، قال الله تعالى في سورة التوبة آية رقم 105 (وقل اعملوا فسيرى الله عملكم ورسوله والمؤمنون).

15. التعاون مع الآخرين لتخطي عقباتهم، ولحل مشكلاتهم، قال الله تعالى: في سورة المائدة آية رقم 2 (وتعاونوا على البر والتقوى ولا تعاونوا على الإثم والعدوان).

16. حرمة أكل الأموال بالباطل والتحذير من هضم حقوق الناس المالية والتحذير من أخذ الأموال غصباً وعنوةً، قال الله تعالى في سورة النساء آية رقم 2 (وآتوا اليتامى أموالهم ولا تتبدلوا الخبيث بالطيب ولا تأكلوا أموالهم إلى أموالكم إنه كان حوباً كبيراً) وقال الله تعالى في نفس السورة رقم الآية 29: (يا أيها الذين آمنوا لا تأكلوا أموالكم بينكم بالباطل إلا أن تكون تجارة عن تراض منكم).

17. الحث على مزاولة الصناعة وذلك للعمل بالصناعة والقيام على الأمور قياما كاملا دون تواكل للتخلص من الأزمات التي يتسبب فيها العمال الذين يحبون استغلال الأوضاع فقال الله تعالى لنبيه نوح آمراً له بالصنع والعمل في صناعة السفينة (واصنع الفلك بأعيننا ووحينا) (آية 37 سورة هود).

18. الحث على العمل وعلى إعمار الأرض وبناءها وذلك للاجتهاد للعمل على التخلص من أزمات البطالة والعطالة عن العمل وللقضاء على مشكلة الفراغ، قال الله تعالى: (ثم جعلناكم خلائف في الأرض من بعدهم لننظر كيف تعملون) (آية 14 سورة يونس)، وقال الله تعالى: (أولم يسيروا في الأرض) (آية 9 سورة الروم) وقال الله تعالى (وقل اعملوا فسيرى الله عملكم ورسوله والمؤمنون) (آية 105سورة التوبة).

19. مزاولة مهنة التجارة والعمل على كسب الرزق والأمر بالسعي في الأرض للتخلص من الأزمات المالية فقال الله تعالى (هو الذي جعل لكم الأرض ذلولاً فامشوا في مناكبها وكلوا من رزقه وإليه النشور) (آية 15 سورة الملك).

20. الدين والقرض وحزم أمور المداينة والاستدانة وربطها بقانون معين يعمل على حل أزمات الديون فقال الله تعالى:

21. (يا أيها الذين آمنوا إذا تداينتم بدين إلى أجل مسمى فاكتبوه وليكتب بينكم كاتب بالعدل) (آية 282 سورة البقرة).

22. عملية الكيل في الميزان وممارسة عملية البيع والشراء قال الله تعالى: (فأوفوا الكيل والميزان ولا تبخسوا الناس أشيائهم) (آية 85 سورة الأعراف).

23. إتباع نظام المكافأة وتشجيع نظام التحفيز والتشجيع على الإخلاص في العمل للتخلص من أزمات الفتور وللتخلص من قلة الإنتاج قال الله تعالى حاكياً قصة يوسف عليه الصلاة والسلام: (قالوا وأقبلوا عليه ماذا تفقدون قالوا نفقد صواع الملك ولمن جاء به حمل بعير وأنا به زعيم). (آية 72 سورة يوسف).

24. توضيح قانون الشركة وصياغة قانون الشراكة وإقامة الشركات فقد قال الله تعالى: (فإن كانوا أكثر من ذلك فهم شركاء في الثلث) (آية 12 سورة النساء) وقال الله تعالى (وشاركهم في الأموال والأولاد) (آية 64 سورة الإسراء).

25. إتباع الشهادة الصادقة وإحضار الشهود والتثبت من الشهود: قال الله تعالى: (واستشهدوا شهيدين من رجالكم فإن لم يكونا رجلين فرجل وامرأتان ممن

ترضون من الشهداء أن تضل إحداهما فتذكر إحداهما الأخرى) (آية 282 سورة البقرة).

26. إتباع نظام المشاورة واستخدام مبدأ الشورى للمساعدة على التفكير في التوصل للحل السليم للقضاء على الأزمات قال الله تعالى: (وأمرهم شورى بينهم) (آية 38 سورة الشورى).

27. الحث على إصلاح الأخطاء الإدارية والعملية والمبادرة في الإصلاح بين الآخرين: قال الله تعالى: (لا خير في كثير من نجواهم إلا من أمر بصدقة أو معروف أو إصلاح بين الناس ومن يفعل ذلك ابتغاء مرضات الله فسوف نؤتيه أجراً عظيماً) (آية 114 سورة النساء).

28. أداء الأمانة: فمن المهمات الإدارية والمصاحبة للأخلاق الإدارية القيام بتوصيل الأمانات وأدائها على أكمل وجه دون نقص أو غش فقد قال الله تعالى: (إن الله يأمركم أن تؤدوا الأمانات إلى أهلها وإذا حكمتم بين الناس أن تحكموا بالعدل إن الله نعمّا يعظكم به إن الله كان سميعاً بصيراً) (آية 58 سورة النساء).

29. أخذ الأمور بجدية وترك اللعب والتسويف والبعد عن الاستهتار فإن وقت حل الأزمات محسوب بالثواني فلا مجال للعب أو التسويف قال الله تعالى موجهاً

كلامه إلى نبيه الكريم يحيى عليه الصلاة والسلام: (يا يحيى خذ الكتاب بقوة وآتيناه الحكم صبياً) (آية 12: سورة مريم)

30. الاحتياط المالي المسبق وعدم الإسراف أو التبذير في الموارد المالية المتاحة قال الله تعالى: (ولا تسرفوا إنه لا يحب المسرفين) (آية 31 سورة الأعراف) وقال الله تعالى: (إن المبذرين كانوا إخوان الشياطين) (آية 27) (سورة الإسراء).

31. النهي عن السرقة والغش والخداع مع الأمر بعدم خيانة الأمانات فالخيانة سبب لظهور الكثير من الأزمات: قال الله تعالى: (يا أيها الذين آمنوا لا تخونوا الله والرسول وتخونوا أماناتكم وأنتم تعلمون) (آية 27 سورة الأنفال).

32. الحث على التفكير الإبداعي للبحث عن حل للمشكلات والحث على عدم التقليد الأعمى في الأمور الخاطئة بل الإبداع والابتكار والتجديد ونبذ التخلف الفكري: قال الله تعالى: (أفلم يدّبروا القول أم جاءهم ما لم يأت أبائهم الأولين؟) (آية 68 سورة المؤمنون).

33. بيان أن السبب في ظهور وانتشار الأزمات وظهور الفساد في كل مكان إنما هو بسبب ذنوب العباد وبسبب خربان ضمائر الناس قال الله تعالى في سورة الروم آية رقم: 41 (ظهر الفساد في البر والبحر بما كسبت أيدي الناس ليذيقهم بعض الذي عملوا لعلهم يرجعون).

34. النهي عن اليأس والقنوط وحرمة اليأس والتخاذل والكسل فإن هـذه أمـور تقـود إلى أزمـات عنيفة فالواجب السعي إلى التخلص منها قال اللـه تعالى في سورة هود آية رقم 9: (ولئن أذقنا الإنسان منا رحمة ثم نزعناها منه إنه ليؤس كفور) وقال اللـه تعالى في سورة يوسف آية رقم: 87 شارحا وموضحا قول نبيه يعقوب لأولاده (ولا تيأسوا من روح اللـه إنه لا يـيـأس مـن روح اللـه إلا القوم الكافرون).

35. الدعوة إلى الابتكار والتجديد والإبداع، والنهي عن التقليد الأعمى في إتباع العـادات والتقاليـد السيئة والمتخلفة والغير مجدية، قال اللـه تعالى: في سورة المائدة آية رقم 104 (وإذا قيل لهم تعالوا إلى ما أنزل اللـه وإلى الرسول قالوا حسبنا مـا وجـدنا عليـه آباءنـا أولـو كـان آبـائهم لا يعقلون شيئاً ولا يهتدون؟!).

36. النهي عن التجسس واستراق الأخبار والنهي عن تأويل الكلام تأويلاً فاسـدا عـلى غـير محملـه وحرمة تفسير كلام الآخرين تفسيراً ظنياً من الظن الآثم ومن الأوهام الخاطئة فإن ذلك يزيـد من شدة الأزمات ويخلق الصعوبات والمشكلات والمعوقات قال اللـه تعالى: (يا أيها الـذين آمنوا اجتنبوا كثيراً من الظن إن بعض الظن إثم ولا تجسسوا ولا يغتب بعضكم بعضاً). (سورة الحجرات آية رقم: 12).

37. النهي عن الحسد التنافسي والتحذير من التحاسد والتباغض: قال الـلـه تعـالى: (أم يحسـدون الناس على ما آتاهم الـلـه من فضله فقد آتينا آل إبـراهيم الكتـاب والحكمـة وآتينـاهم ملكـاً عظيما). (سورة النساء آية رقم: 54).

38. بيان أن حصول الموت هو أزمة ومصيبة قال الـلـه تعالى: (فأصابتكم مصيبة الموت) (في سورة المائدة آية رقم 106).

39. الإفصاح عن حدوث مصيبة ووقـوع أزمـة المحنـة والابـتلاء والخسـارة في الأمـوال وفي التجـارة ووقوع فقدان في النفوس البشرية قال الـلـه تعالى: (لتبلون في أموالكم وأنفسـكم) (سورة آل عمران: آية رقم:186).

40. حرمة ممارسة الربا والنهي عن استخدام نظام الربا في البنوك والمصارف فإن ذلك سبب لظهور العديد من الأزمات المالية والتجارية قال الـلـه تعالى: (يا أيها الذين آمنوا اتقوا الـلـه وذروا ما بقي من الربا إن كنتم مؤمنين فإن لم تفعلوا فأذنوا بحرب من الـلـه ورسوله وإن تبـتم فلكـم رؤوس أموالكم لا تَظلِمون ولا تُظلَمون) (سورة البقرة آية رقم: 278 + 279)

41. إتباع نظام القرض والـدين والمداينة و الاسـتدانة وبيـان مشروعية الرهـان وإقرار الرهن في المعاملات المالية والتجارية لحل المشكلات التجارية قال الـلـه تعالى: (يا أيهـا الـذين آمنـوا إذا تداينتم بدين إلى أجل مسمى فاكتبوه وليكتب

بينكم كاتب بالعدل)، (آية 282 سورة البقرة)، وقوله تعالى: (وإن كنـتم عـلى سـفر ولم تجـدوا كاتباً فرهان مقبوضة فإن أمن بعضكم بعضاً فليؤد الذي أؤتمن أمانته) (سورة البقرة آية رقـم: (283

42. الأمر بإحضار الشهود عند التبايع وأثناء المبايعة للتخلص من أزمات الغـش والكـذب والسـرقة قال اللـه تعالى: (وأشهدوا إذا تبايعتم) (سورة البقرة آية رقم: 282).

43. التحذير من ممارسة المؤامرات الخبيثة التي تكون سببا للأزمات قال اللـه تعـالى: (والـذين يمكرون السيئات لهم عذاب شديد) (سورة فاطر آية 10).

44. تحقيق نظام المشـاورة الإداريـة والإشـادة باسـتخدام مبـدأ الشـورى وذلـك لأن الشـورى مـع الموظفين و الاستماع لآراء الآخرين يساعد كثيرا في التخلص مـن المشكل كما يساهم عـلى التوصل بسرعة للأسباب الداعيـة لظهور الأزمـات ومعرفتها ومعرفـة طـرق علاجهـا، وكـذلك استعمال التشاور وتحقيق نظام المشاورة وعقد مجلس للشورى داخل المؤسسـة الإداريـة للتشاور مع الموظفين وأخذ آرائهم ولمراجعة الأمور و لاتخاذ القرارات الإدارية الصحيحة وذلك بالتشاور معهم قال اللـه تعالى: (وأمرهم شورى بينهم) (آية 38 سورة الشورى)، وقال اللـه تعالى مخاطباً نبيه العظيم محمد صلى اللـه عليه وسلم

يبين له كيف يتعامل مع أصحابه المسلمين (وشاورهم في الأمر) (آية 159 سورة آل عمران).

45. الحث على ذكر المهارات العلمية وإظهار الخبرات العملية والقدرات عند التقدم للوظيفة ويكون ذلك أثناء المقابلة الإدارية مع المسؤولين والمدراء وكذلك حث الإسلام على إظهار المؤهلات العلمية المطلوبة والتعريف بها ليشغل الإنسان وظيفة معينة، فقد قال الله تعالى شارحا وموضحاً ومبيناً حال نبيه يوسف عليه الصلاة والسلام لما أظهر خبرته وعلمه ومؤهلاته ليشغل منصب في الدولة فيقوم برعاية أمور وشؤون الدولة في أموالها وممتلكاتها أي كما يسمى الآن في عصرنا هذا وزير للمالية فقد قال: (اجعلني على خزائن الأرض إني حفيظ عليم) (سورة يوسف).

وبهذا نكون قد توصلنا إلى نهاية الفصل الأول من الباب الثاني والمختص بمقارنة علم إدارة الأزمات وماله من جذور وأصول عميقة في القرآن الكريم وها نحن سندخل الآن في الفصل الثاني من الباب الثاني إذ سيعرفنا أيضا على جذور علم إدارة الأزمات ولكن في هذه المرة في السنة النبوية المطهرة.

الفصل الثاني

إدارة الأزمات في السنة النبوية

إدارة الأزمات في السنة النبوية

لقد وضعت في هذا الكتاب تأصيلاً إسلامياً شرعياً لعلم إدارة الأزمات وذلك من السنة النبوية المطهرة وفي الأحاديث الشريفة التي قالها رسول الله صلى الله عليه وسلم وفيما يلي بعضاً من الأحاديث الصحيحة الثابتة والتي تدل على أهمية علم إدارة الأزمات في المنشآت الإدارية والمنظمات التجارية وإليكم تفصيلاً لكل معلومة إدارية متعلقة بإدارة الأزمات ولها جذور أصلية وعميقة في السنة النبوية الشريفة المطهرة:

1. حل أزمة الغش في البيع إذ ا اتبع الناس قاعدة البيع بصدق وأمانة ودون غش والبيع بتيسير على الناس وتسهيل عليهم فقد قال رسول الله صلى الله عليه وسلم: (رحم الله رجلا سمحا إذا باع سمحا إذا اشترى) رواه البخاري (رقم الحديث 5/ 210 + 211).

2. إقرار الشركة في السنة النبوية الشريفة والتحذير من الغش والمكر في الشركات وذلك كإجراء أولي وذلك لحل الأزمات التي تحدث داخل الشركات: قال أبو هريرة رضي الله عنه إن الله عز وجل يقول: (أنا ثالث الشريكين ما لم يخن أحدهما صاحبه فإذا خانه خرجت من بينهما) (رواه أبو داوود وهو حديث حسن رقم الحديث 3383).

3. الأمر بأداء الأمانة والحث على توصيل الرسائل إلى أهلها ومستحقيها وذلك للقضاء على أزمـة الخيانة والكذب في المعاملات: فقد روى الترمذي في حديث حسن وصحيح عن أبي هريرة رضي الـله عنه قال: قال رسول الـله صلى الـله عليه وسلم (أدّ الأمانة إلى من ائتمنك ولا تخن من خانك) (سنن الترمذي رقم الحديث 1264 في البيوع).

4. الحث على الصدق في النصيحة والأمر بإعطاء الكلام الصحيح عند طلب المشورة وإبداء الـرأي وذلك لحل الأزمة التي تنتج عن عدم توفر المعلومـات الكافيـة وللقضاء على الكـذب وعلى أزمات عدم التأكد وللقضاء على التردد: فقد أخرج أبو داود بسند حسن حديث عن أبي هريرة رضي الـله عنه أن رسول الـله صلى الـله عليه وسلم قال: (من أشار على أخيه بأمر يعلـم أن الرشد في غيره فقد خانه) (رقم الحديث 3657) وروى الترمـذي بسـند حسـن عـن أبي هريرة رضي الـله عنه قال: قال رسول الـله صلى الـله عليه وسلم (المستشار مؤتمن) رقم الحديث (2824 + 2833).

5. القضاء على أزمة الغدر والخيانة والتحذير من الخيانة والأمر بالوفاء بالعهود والالتـزام بتنفيذ العقود المالية والتجارية والاجتماعية فقد قال الرسول محمد صلى الـله عليه وسلم: (آيـة المنافق ثلاث: إذا حدث كذب، وإذا

وعد أخلف، وإذا عاهد غدر) (رواه مسلم، حديث صحيح)، وقال الرسول صلى الله عليه وسلم: (أربع من كم فيه كان منافقا خالصا: إذا أؤتمن خان، وإذا حدث كذب، وإذا عاهد غدر، وإذا خاصم فجر) (رواه البخاري، حديث صحيح).

6. التحذير من شهادة الزور والتحذير من الشهادة الكاذبة الآثمة الغير صحيحة وذلك للقضاء على أزمة الفساد الأخلاقي وللقضاء على الأزمات المختلقة الكاذبة فقد قال رسول الله صلى الله عليه وسلم: (من لم يدع قول الزور والعمل به والجهل فليس لله حاجة في أن يدع طعامه وشرابه) (رواه البخاري، حديث صحيح).

7. العفو والصفح واستعمال الرفق واللين مع الموظفين والأشخاص فقد روى أنس بن مالك قال كنت أمشي مع رسول الله صلى الله عليه وسلم ذات يوم وعليه بردة غليظة الحاشية - فروة أو عباءة - فأدركه أعرابي غليظ فجذب النبي جذبة شديدة حتى نظرت إلى صفحة عاتق رسول الله وقد أثرت به هذه الجذبة ثم قال يا محمد: أؤمر لي بمال فإنه ليس من مالك ولا مال أبيك، فالتفت إليه النبي صلى الله عليه وسلم وتبسم له وأمر له بعطاء (رواه البخاري).

8. وضع العقوبات للقضاء على أزمات الفساد كالسرقة وغيرها فقد وضع الإسلام حداً للسرقة بقطع اليد ليمتنع الناس عن السرقة، ولكن قام الإسلام بوضع استثناءات لهذه الأزمة فقد يسرق الإنسان مضطرا لإشباع جوعه فهو قد أشرف على الموت ولم يجد شيئاً يأكله فقد ذهب ليبحث عن عمل فلم يجد عملاً ويريد طعاماً وشراباً ليسد جوعه ويطفئ ظمأه فهنا في هذه الحالة يجوز له أن يأخذ ما يكفيه خوفاً على نفسه من الهلاك وهنا لا يطبق عليه حد القطع، وكذلك حرم الإسلام شرب الخمر وحذر صاحبه من العقوبة الشديدة التي ستفرض على شارب الخمر بطراً وفسقاً ومعصية غير أن لهذه القاعدة استثناء كمن كان في منطقة خالية مقطوعة من الماء ولم يجد إلا الخمر ليشربه ليطفئ ظمأه فهو قد أشرف على الموت لشدة العطش فهنا في هذه الحالة يجوز له شرب الخمر ولا يطبق عليه حد شرب الخمر ولا تفرض عليه العقوبة فإن للضرورات أحكام، والضرورات تبيح المحظورات كما في القاعدة الفقهية الشرعية الصحيحة.

9. الحث على التثبت من الأخبار قبل استعجال فرض العقوبة على المتسببين في الأزمات فقد يشتبه في شخص فقط اشتباها وما زلنا في ظروف عدم التأكد وهنا حذر الإسلام من الاعتداء بغير حق وحث على البحث من المعلومات للتأكد من سلامة ودقة التقارير والأخبار فقد قال رسول الله صلى الله عليه

وسلم: (إن الإمام – أي الرئيس أو الحاكم أو القاضي أو المسؤول – لئن يخطئ في العفو خير له من أن يخطئ في العقوبة) وذلك تفادياً لحصول الأزمات النفسية لدى الأفراد الموظفين أو الأعضاء أو العاملين ويكون ذلك عن طريق الخطأ غير المقصود.

10. الأمر بإسناد الحكم والمسؤوليات للحكماء والأذكياء والأمناء والأشخاص ذو الكفاءات العالية فقد قال رسول الله صلى الله عليه وسلم (إذا أراد الله بقوم خيرا ولى أمرهم الحكماء وجعل أموالهم عند السمحاء، وإذا أراد بقوم شراً ولى أمرهم السفهاء وجعل أموالهم عند البخلاء) (حديث حسن رواه أبو داود).

11. التحذير من الظن الآثم والحث على التعامل مع الأمور بكل صراحة وصدق وشفافية بدون فقد قال رسول الله صلى الله عليه وسلم (إياكم والظن فإن الظن أكذب الحديث) (رواه البخاري حديث صحيح).

12. الحث على الصدق في المعاملات المالية والأمر بالوفاء في عمليات البيع والشراء والحث على الأمانة والتحذير من الخيانة في التجارة فقد قال رسول الله صلى الله عليه وسلم: (البيعان – أي البياعان – بالخيار ما لم يفترقا فإن صدق البيعان وبينا بورك لهما في بيعهما – وكذلك في بضاعتهما – وإن كذبا وكتما – أي غشا وخانا – فعسى أن يربحا ربحا ما ولكن سيمحق

بركة بيعهما) (رواه أحمد بإسناد حسن) وقال الرسول صلى الله عليه وسلم (اليمين الفاجرة – أي الكاذبة التي فيها غش وخداع – منفقة للسلعة ممحقة للبركة) (رواه أحمد بإسناد حسن) وقال رسول الله صلى الله عليه وسلم (لا يحل لامرئ مسلم يبيع سلعة ما، يعلم أن بها داء إلا أخبر به – أي يجب عليه أن يخبر به ويعلمه العيب -) (رواه البخاري، حديث صحيح).

13. إن في الإسلام قانون عالمي يحل مشكلة الاستغلال للمناصب ويحرم المكر والخداع والسرقة والاحتيال فقد قضت الشريعة الإسلامية بأن لا يستغل الرجل منصبه الذي هو موجود وموظف فيه يبتغي من ذلك تحقيق منفعة خاصة فإن الإسلام حرم الأخذ من المال العام واعتبرها جريمة لا تغتفر فقد قال الرسول صلى الله عليه وسلم: (من استعملناه على عمل فرزق منه رزقاً فهو حلال له وما أخذه فوق ذلك – أي بالخفية وغير الراتب المقرر له - فهو غلول – أي حرام وسرقة -) (رواه أبو داود، حديث حسن)، فالواجب أن يلتزم الموظفين والمدراء الحدود المقررة لهم في وظائفهم وأن تكون لديهم ضمائر حية تردعهم عن الاستغلال والمكر والخداع والغش والسرقة.

14. الأمر بالوفاء بالعقود والحث على الالتزام بالعهود وتنفيذها فإذا أبرم المسلم عقداً فيجب أن ينفذه وإذا أعطى عهداً وموعداً فيجب أن يلتزم به وكذلك

اليمين والحلف يجب الالتزام بهما فقد قال الرسول صلى الله عليه وسلم: (المسلمون عند شروطهم) (رواه البخاري، حديث صحيح)، ومما لاشك فيه أن من العقود المبرمة والعهود الموثقة ما يجري ويحصل في الشركات والمؤسسات فيشترط أن تكون مكتوبة ومدونة وواضحة فإن الإسلام أوجب الإلتزام بكل أنواع العهود والعقود حتى مع الكفار واليهود، إلا أن ينقضوا عهودهم ويغدروا ويمكروا.

15. الأمر بالصبر والحث على التصبر فإن الرسول صلى الله عليه وسلم قال في الحديث الشريف الصحيح (الصبر ضياء) (رواه مسلم) فإذا استحكمت الأزمات وضاقت الأحوال وتعقدت الأمور فالصبر هو وحده الذي ينقذ، والصبر هو الوحيد الذي يشجع على مواصلة السير على هذه الحياة للبحث عن النافع والمفيد، والصبر هو وحده الذي يبعث روح الأمل من جديد في النفوس الميتة والهزيلة والمريضة والساقطة من التعب والجهد والمشقة، إن الصبر سلاح للإنسان يستخدمه في كل وقت وفي كل حين، والصبر فضيلة يحتاج إليها المسلم في كل مراحل عمره ودنياه ولابد أن يبني على الصبر أعماله وآماله وطموحاته، ويجب على الإنسان أن يوطن نفسه على احتمال المكاره ومواجهة الضوائق بكل جرأة وصبر وشجاعة، ولقد قال الرسول صلى

الله عليه وسلم: (ومن يتصبر يصبره الله وما أعطي أحد عطاء خيراً من الصبر) (رواه البخاري).

16. حل أزمة الأمراض والقضاء على المشكلات الصحية فقد أوجد الإسلام نظام للحد من انتشار الأمراض وشدد على الطهارة وأوجب الالتزام بالنظافة فقد قال رسول الله صلى الله عليه وسلم: (النظافة من الإيمان) (حديث حسن) وقال رسول الله صلى الله عليه وسلم: (إن الله نظيف يحب النظافة) (حديث حسن) وقال رسول الله صلى الله عليه وسلم: (إن الله جميل يحب الجمال) (حديث صحيح) وأوجب التطهر والغسل والوضوء في أحوال كثيرة ومتكررة وقال رسول الله صلى الله عليه وسلم: (إن الله ما أنزل من داء إلا وأنزل له دواء) (رواه البخاري).

17. الحث على التعاون في إيجاد الحلول مع الأشخاص الآخرين والأمر بوجوب التعاون مع الموظفين والأفراد والمدراء فإن أتعاب ومصاعب الحياة كثيرة ومسؤوليات الدنيا كبيرة لا يستطيع أن يقوم بها الشخص بمفرده فلا بد من التعاون فقد قال رسول الله صلى الله عليه وسلم: (المؤمن للمؤمن كالبنيان وكالبنان يشد بعضه بعضاً) (رواه البخاري).

18. الأمر في إتباع الحكمة الإدارية والبحث عن الحكمـة وتعلمهـا وذلـك مـن أجـل حـل الأزمـات ومعرفة الطرق الصحيحة للتعامل مع الأمور بمهارة وبحكمة فقد قال رسول اللـه صلى اللـه عليه وسلم: (الحكمـة ضـالة المـؤمن فحيـث وجـدها فهـو أحـق بهـا) (حـديث حسـن، رواه الترمذي).

وبهذا نكون قد توصلنا إلى نهاية الباب الثاني وختمنا الباب الثاني ختمـاً جيـدا إذ قمنا فيما سبق بوضع تأصيل إسلامي كامل تام لعلم إدارة الأزمات وها نحن سندخل الآن في الباب الثالث، هـذا و اللـه الموفق.

الباب الثالث

علم إدارة الأزمات

وفيه ثمانية فصول هي:

- الفصل الأول: تعريفات علم إدارة الأزمات.
- الفصل الثاني: خصائص الأزمات.
- الفصل الثالث: كيفية التعامل مع الأزمات الاقتصادية والمالية والإدارية.
- الفصل الرابع: خطوات التعامل مع الأزمات الاقتصادية والمالية والإدارية.
- الفصل الخامس: طرق وأساليب التعامل مع الأزمات الاقتصادية والمالية والإدارية.
- الفصل السادس: المنهج العلمي المتكامل للتعامل مع الأزمات.
- الفصل السابع: كيف نصنع نظام وقاية من الأزمات الاقتصادية والإدارية.
- الفصل الثامن: حالات عملية وتطبيقية لأزمات حقيقية تبحث عن حلول.

الفصل الأول

تعريفات علم إدارة الأزمات

تعريفات علم إدارة الأزمات

أولاً: ما هي الأزمة:

الأزمة: هو مصطلح يعبر عن الحالة العملية الحرجة والطارئة وكذلك عن المصيبة الواقعة أو المتوقعة الحدوث والتي تواجه المنظمات الإدارية والمؤسسات المالية والشركات التجارية وكل مجموعة إنسانية قائمة، سواءً أكانت مجموعة أعمال إدارية أو تجارية أو مالية أو حتى مجموعة اجتماعية وأسرية، وكذلك أي هيئة أمنية أو سياسية، فتواجه الأزمات هذه الكيانات وتحاصرها بشدة، وتحت قائمة من الضغوط التي تمارسها الجهات المتسببة في صنع الأزمة للضغط على الطرف الآخر بعنف، وذلك لأهداف مرسومة وفق خطة عمل للقضاء على الأطراف الأخرى المقابلة، وذلك في ظل جو من القصور الوظيفي والعلمي والذي يخيم على الطرف الأول الذي نزلت بساحته الأزمة، مع عدم اكتمال المعلومات الضرورية له ليعرف كيف يتصرف مع الأمور بحكمة، فيضيع الزمن من بين يديه وهو لا يعرف الطرق المناسبة لتطبيق الحلول الصحيحة للقضاء على الأزمة.

إن أقرب شبيه لتقريب وجهة النظر لماهية الأزمة من حيث المعنى والمفهوم أن الأزمة تشبه في ذاتها الأزمة القلبية المفاجئة والسكتة القلبية الواقعة بالمريض، فهي أزمة وقعت بشكل مفاجئ، وفي زمن ضيق وحرج، مع عدم وجود الأطباء المختصين

لإنقاذ المريض، مع وجود الخطر القريب جداً الـذي يـداهم المريض ويحيط بـه ويهدده بالموت، ولكن الأزمة اشتدت لأبعد حدودها ففقد المريض الحياة، لعدم وجود المختص والطبيب لإنقاذ المريض ولعلاجه من الأزمة الحادة التي نزلت به.

إن عمل مدير الأزمات والمختصين في علاج الأزمات وحلها والقضاء عليها كمن يعالج المريض من أزمته القلبية الحادة في مثالنا السابق ليجعله يعود للحياة مرة أخرى بحيوية ونشاط.

إن الأزمة لها عمودان ترتكز عليهما بشكل أساسي وهما:

العمود الأول: أن الأزمة لها تأثير نفسي شديد ناتج عن الرعب والخوف مع الدهشة وعدم معرفة التصرف بحكمة، مع وجود قلق وهلع وتوتر وهواجس كثيرة تصل بالإنسان إلى حـد الأرق في النوم وحصول الكوابيس المرعبة.

العمود الثاني: أن الأزمة لها وقت ضيق ومحدد فإما أن نعمل على عـلاج هـذه الأزمة أو أن الأزمة سوف تتصعد وتزداد وتكبر نتائجها وتصبح كارثـة لا يمكـن السـيطرة عليهـا، فالأزمـة لا تحتمـل التأخير فيجب أن نسارع على القضاء عليها وإلا ستنفجر الأحداث ويحدث ما لم يكن بالحسبان.

ثانياً: ما هي المشكلة:

المشكلة: هي مصطلح يعبر عن حالة عملية وقعت غير مرغوب فيها وقد تتصعد وتكبر هذه المشكلة إن لم نقدر على حلها فتصبح أزمة معقدة، فكل أزمة مشكلة وليست كل مشكلة أزمة، مع العلم أن المشكلة هي سبب وباعث رئيسي لحصول الأزمة، كما أن المشكلة الإدارية إذا حصلت في أي كيان أو منظمة إدارية ستجعل الموظفين والأفراد والمدراء يشعرون بالاستياء والصداع والقلق مع وجود خوف إن لم تحل هذه المشكلة بشكل سلمي وصحيح، فالمشكلة إذا تعقدت وتأزمت فإنها تصبح أزمة قائمة بذاتها.

وفي الصفحة التالية عرض توضيحي تفصيلي يبين الفرق بين المشكلة والأزمة وذلك في جـدول مرفق كما يلي:

جدول رقم (1) يوضح الفرق بين المشكلة والأزمة:

وجه المقارنة	المشكلة	الأزمة
1. من حيث المدة الزمنية المحددة لكل منهما:	مدتها الزمنية 3 أيام فإن حلت وعولجت وإلا فسوف تنفجر وتتأزم فتصبح أزمة يصعب السيطرة عليها.	مدتها الزمنية ما فوق ثلاثة أيام فإن المشكلة إذا لم يستطاع حلها في خلال ثلاثة أيام فإن المشكلات تتحول إلى أزمات والأزمات ليلها طويل ومدتها طويلة فهي كالكابوس الذي يسيطر على أحلام الإنسان ليزعجه ولا يستطيع التخلص منه

2. من حيث الأسباب الباعثة والمؤدية لكل منهما:	المشكلة معروفة الأسباب حيث أن المشاكل دائماً يكتشف أسبابها والعوامل المؤدية لظهورها، وبالتالي يسهل حل المشكلة لأن أسبابها قد عرفت وعلمت.	الأزمة مجهولة الأسباب وغير معروفة ما هي العوامل المسببة لظهور الأزمات بشكل كامل وواضح ومفصل، وبالتالي يصعب حل الأزمة وتطول مدتها لأن الأسباب المؤدية للأزمة مازلت مجهولة وغير معروفة.
3. من حيث الخطورة والشدة والآثار السلبية المرتدة منهما:	المشكلة لها آثار سلبية خفيفة ليست مدمرة ولا قاتلة فيمكن السيطرة عليها ويمكن حلها وعلاجها.	الأزمة لها آثار سلبية سيئة للغاية قاتلة ومدمرة وعنيفة كما أن للأزمة حدة وشدة وصدمة عنيفة فالأزمات تحتاج إلى وقت لعلاجها وحلها.

الفصل الثاني

خصائص الأزمات

خصائص الأزمات

إن هناك مجموعة من الخصائص التي تميز الأزمة وتجعلها واضحة المعالم ومن هذه الخصائص ما يلي:

1. سيادة جو من الجهل وعدم المعرفة وذلك في ظل وجود غيمة مظلمة من عدم وجود المعلومات الكافية والهامة والضرورية للمنظمات والهيئات وبالتالي لايعرفون كيف يتصرفون مع الأمور بل تزداد الأمور سوءاً وتعقيداً لعدم وجود المعلومات الهامة والضرورية بصورة كافية.

2. الدهشة والمفاجأة والسرعة الفائقة في حصول الأزمة وتتابع أحوالها المعقدة.

3. الأزمة بطبيعتها معقدة ومعطياتها متداخلة ومعلوماتها متشابكة ومتعددة.

4. سيادة وظهور حالة من الخوف والرعب من المجهول والخوف من الأزمات القادمة والخوف من حدتها وشدتها وآثارها.

5. الأزمات قد تسبب انهيار وتدهور وخسارة وعجز للمنظمات الإدارية.

6. الأزمات قد تكون سبباً في انهيار سمعة الشركة وانهيار الثقة التي كانت موجودة بين المنظمة والعملاء أو الزبائن مما يؤدي إلى عزوف العملاء

والزبائن عن هذه المنظمة أو الشركة وعدم التعامل معها وكذلك التحذير منها فتسقط كرامـة هذه المنظمة الإدارية وتعلن الإفلاس بعد مدة قصيرة من ذلك.

7. سيادة حالة من الاضطراب في العمل وعدم التوازن في أداء الوظائف الإدارية وعـدم التـوازن كذلك في التصرفات وفي التعامل مع الآخرين.

8. سيادة حالة من الإحباط النفسي بين المدراء والموظفين مع قلة وضعف الإنتاج.

9. سيادة حالة من السرقات للأثاث والممتلكات ونهب ثروات المؤسسة الإدارية وذلك لإسـتغلال وضعها قبل إعلان إغلاقها وتصفيتها.

10. وجود قوة خارجية ضاغطة على الإدارات في المنظمة الإدارية.

11. الأزمة هي تسبب أساساً تهديداً وتدهوراً و ضعفاً في المنظمات الإدارية.

12. يمارس المتسبب في الأزمة عدة ضغوط لتصعيد الأزمات ولزيادة درجة حـدة الأزمـة ولتضـييق الخناق على المنظمات الإدارية وقد تكون هذه الأزمات نفسية أو على شكل ضغوط اجتماعية أو عائلية أو مالية.

13. تسبب الأزمات تهديداً لمصالح المنظمات الإدارية والمؤسسات المالية كـما تعمـل عـلى عـدم استقرار أمن الشركات وعلى عدم الإستمرار في عمل الوظائف الإدارية.

14. شعور الإدارة العليا ورئاسة مجلس الإدارة بـالعجز وبعـدم الثقـة بأنفسـهم وبالحيرة وبعـدم القدرة على إتخاذ قرارات صحيحة كما يخيم عليهم حالة من الشك في أقرب المـوظفين علـيهم والخوف من كل شيء حتى من الأشخاص العاديين والمسالمين.

15. تسبب الأزمة بفقدان وانهيار احترام الأشخاص للمدراء والمسؤولين عن هذه الشركة والمؤسسـة كما تعمل الأزمة على أن يفقد المسؤولون وظائفهم ومكاتبهم ومرتباتهم وأرصـدتهم المالـية في البنوك كذلك إذ تقـوم الجهـات الأخرى بـالحجز والسـيطرة والمصـادرة لكـل أمـوال وحقـوق وممتلكات الشركة.

الفصل الثالث

كيفية التعامل مع الأزمات الاقتصادية والمالية والإدارية

كيفية التعامل مع الأزمات الاقتصادية والمالية والإدارية؟

أصبحت الأزمات واقع حياة، ومقوم من مقومات الوجـود، وأسـاس إرتكـازي مـن متطلبـات عصرـ العولمـة، ومـع تنـامي الخبرة وازديـاد المعرفـة بطـرق إدارة الأزمات، إلا أنـه لا زال للاعتبـارات والمهارات الشخصية لمدير الأزمة الجانب الكبير في قرار وبدائل التعامل معها، ومن ثم فـلا زال الـبعض يعطي للموهبة والمهارة الشخصية دورة رئيسيـ وأسـاسي في إدارة الأزمـات، حيـث يقـع التعامـل مـع الأزمات في ظل أمرين رئيسيين هما:

الأمر الأول: التدخل السريع والحاسم والفائق القوة والعالي الفاعلية ويكون ذلك فور وقوع وحدوث الأزمة أو العلم بها أو السماع عنها.

الأمر الثاني: ترك الأمور تسير على ما هـي عليـه، وتـرك الأزمـة تحـل نفسـها بنفسـها، وعـدم التدخل لحل الأزمة، وترك الأمور الأزموية وتيار الأزمة يصل إلى نهايتـه وذلك مما يـسبب لـلإدارة الكثير من الخسائر والضغوط والأعباء المادية والإدارية.

يعد التعامل مع الأزمات أحد الأمور الرئيسـية التـي تظهـر مـدى كفـاءة الإدارة، فالمواقـف الصعبة هي التي تحدد بشكل كبير مدى علم، ومعرفة، وخبرة لمـدراء، وتحـدد قـدرتهم عـلى مواجهـة الأحداث الصعبة، ومن ثم فإن الرؤية الصحيحة،

والقدرة على التحليل السريع الصائب، والشجاعة والقدرة على اتخاذ القرار، وفوق كل هذا الشجاعة على الاعتراف بالأخطاء وعدم التنصل من المسئولية كل هذا وغيره لا يتم الحكم عليه إلا من خلال أزمة.

ويهدف التعامل مع الأزمة إلى قهر الأزمة وإملاء الإرادة على صانعيها، وهو أمر يستلزم أولاً وأخيراً قوة وإرادة وجلد وصبر، في إدارة الأزمات.

ويقتضي التعامل مع الأزمات وجود نوع خاص من لمدراء يتم تأهيله وتدريبه تدريباً راقياً لصقل مهارته ومواهبه واستعداده الإداري، خاصة وأن التعامل مع الأزمات له طابع خاص، يستمد خصوصيته من تأثير عوامل اللحظة الحالية، وكذا الامتدادات الزمنية المستقبلية بأبعادها التصادمية، وكذا باحتمالات تدهور الأوضاع وبشكل بالغ القوة.

فاستخدام أساليب القهر والظلم والاستبداد السياسي، واستخدام الاعتقالات والاغتيال، والتصفية الجسدية للمعارضين للسياسة، والسيطرة الإعلامية على كافة وسائل الإعلام، واستخدام أساليب القمع والإرهاب والتصفية الجسدية بشكل متصاعد، والمواجهة العنيفة بالقوات المسلحة والشرطة، والتنظيمات المدنية المسلحة، وغيرها من الوسائل والأدوات البالغة العنف، كل هذه الوسائل خاطئة وخطيرة، وكانت بمثابة الفتيل المفجر لقنبلة الكراهية المشحونة لدى

الشعب، وبمجرد اشتعال الفتيل انفجرت القنبلة، وأطاحت بالكثير من الأشخاص وأحدثت الفوضى وسببت المتاعب والخسائر وبناءً على ذلك كان لابد من وجود طرق صحيحة لحل الأزمات ولكيفية التعامل مع الأزمات وهذا الذي قمت به في هذا الكتاب إذ أني تطرقت بأسلوب علمي لخطوات ومناهج وتحليلات التعامل مع الأزمات.

وفيما يلي سندخل في الفصل الرابع والذي سنتكلم فيه عن خطوات التعامل مع الأزمات الاقتصادية والمالية والإدارية.

الفصل الرابع

خطوات التعامل مع الأزمات الاقتصادية والمالية والإدارية

خطوات التعامل مع الأزمات الاقتصادية والمالية والإدارية

يمر التعامل العلمي مع الأزمات، وإدارتها إدارة علمية رشيدة بسلسلة متكاملة ومجموعة مترابطة من الخطوات المنهجية المتتابعة وفيما يلي عرض موجز لكل خطوة منها:

أولاً: تقدير موقف الأزمة:

في ظل الضغط والتوتر الشديد الذي يسيطر على جو ومناخ إدارة الأزمات، وفي ظل تصاعد المجاهيل المتعددة الأنواع والجوانب عن الأزمة وعن صانعيها وعن الأهداف الخفية التي تنهض من وراء صنع الأزمة يحتاج مدير الأزمة إلى تقدير سليم يحدد أبعاد وجوانب موقف الأزمة.

ويقصد بتقدير الموقف تحديد جملة التصرفات التي قامت بها قوى صنع الأزمة وقوى كبحها، شاملة تقدير مكونات هذه التصرفات وما وصلت إليه الأزمة من نتائج وردود أفعال، وآراء ومواقف محيطة مؤثرة أو متأثرة بها.

ويشمل تقدير الموقف تحليلاً لمضمون العلاقات، ومكونات القوة للطرفين، ومصادر الوصول إلى النتائج الحالية، وأسباب نشوء الموقف الراهن، وروافد تطوره، وعلاقات المصالح والصراع، والتنافس والتكامل التي ارتبطت به أو بعدت عنه.

ومن هنا فإن تحليل تناسب القوى الأزموية المعارضة لها والصانعة للأزمة، ونسبة قوة كل منها إلى الأخرى، وقدرة كل منها على المناورة وحرية الحركة والحصول على روافد جديدة ودعم جديد يعد المفتاح الحقيقي للتعامل مع الأزمات، ومن هنا يشمل تقدير الموقف الأزموي عدة أبعادة أساسية، ومن خلال ذلك فإن تقدير الموقف الأزموي يشمل أربعة أبعاد هي:

1. **البعد الأول: تحديد دقيق وشامل للقوى التي صنعت الأزمة:**

ويهدف هذا البعد إلى التعرف على هذه القوى، لمعرفة حجمها وعددها، بل ومن هي فعلاً القوى الخفية التي تنهض وراء أحداث وصنع الأزمة، وليس فقط القوى الظاهرة ولكن أيضا المستترة منها، وعادة ما يتم الاستفادة من المعلومات والبيانات التي تم توفيرها عن هذه القوى، والتي تم أيضا تحديثها وإضافة ما تم الحصول عليه من ميدان الأزمة إليها.

2. **البعد الثاني: تحديد وتوقع ورصد لعناصر القوة التي ترتكز عليها القوى الصانعة للأزمة:**

وتشمل هذه العناصر ما تملكه القوى الصانعة للأزمة من ضغط أو قوى ضاغطة، وما تملكه من مصالح تؤثر على مواقف الآخرين، وعلى أحوالهم، سواء

لدى الجانب المؤيد لهم، أو المعارض، وما ينشأ عنها من تصرفات يتم رصدها، سواء اتخذت شكل تعايش مع الأزمة أو مجابهة تصادمية معها، وفي الوقت ذاته فإن عمليات الرصد المبكر لكافة إحداثيات وتطورات الموقف الأزموي، وتتبعه في اتجاهه التصاعدي، وقياس معادلات هذا التصاعد، و تحديد أي الجهات تكمن وراء زيادة الضغط الأزموي، ومن ثم تحديد شبكة المصالح التي تجمع هذه القوى.

3. البعد الثالث: تحديد من هي القوى المساعدة والمؤيدة لقوى صنع الأزمة:

حيث أن قوى صنع الأزمة لا تستطيع بمفردها أن تخلق الضغط الأزموي أو تفجر أزمة فاعلة، بل أنها دائما تحتاج إلى قوى مؤيدة لها،وروافد تدفع لها بتيار متدفق من الدعم والتأييد والمساندة ومن هنا يتم تحديد التحالفات التي تساند قوى صنع الأزمة، وهل هي تحالفات هشة أو قوية؟والمصالح التي تربطها هل هي دائمة مستمرة أم هي وقتيه مرحلية مؤقتة؟ ومن خلال هذا التحديد يتم معرفة مناطق الضعف التي من خلالها يتم اختراق جدار قوى صنع الأزمة، وتحديد التوقيتات المناسبة لإتمام هذا الاختراق.

4. **البعد الرابع: تحديد لماذا وكيف صنعت الأزمة:**

إن النتائج كما هي دالة للأسباب، فإنها أيضا تدل عليها، وبمعنى آخر فإن النتيجة هي نتاج مجموعة أسباب تفاعلت وأحدثت أثرها وأفرزت هذه النتيجة ومن ثم فإنه يمكن من خلال دراسة النتائج الوصول إلى الأسباب، وعلى هذا فإن ما تفرزه الأزمة من نتائج يمكن أن تدل على أسبابها، وهو أمر هام لمعالجة أي أزمة، فتحديد الأسباب هو البداية الحقيقية لمعالجتها، والوصول إلى هذه الأسباب يقود أيضا إلى كيف حدث التفاعل فيها وأدى إلى صنع الأزمة وفي واقع الأمر فإن تقدير الموقف الأزموي هو البداية الحقيقية للبدء في التفكير في معالجة الأزمات، ومن هنا فإن تحديد ورصد وتتبع قوى صنع الأزمة يحتاج إلى توافر وتوفير العديد من البيانات والمعلومات.

إن هذا كله وإن كان يحتل المرتبة الأولى عند تقدير موقف الأزمة وما سيتبعه ويتضمنه من تحديد مواقف الأطراف، فإنه أيضاً يشكل بصورة أو بأخرى النظام العام لتحديد كافة القوى المرتبطة بالأزمة، وفي الوقت نفسه تحديد احتمالات مواقف هذه القوى، وما يمكن أن تتجه إليه حاضراً ومستقبلاً.

وبالوصول إلى نهاية هذه الأبعاد تتضح لمدير الأزمة السمات الرئيسية للموقف الأزموي، ومن هنا ينتقل إلى تحليل هذا الموقف.

ثانياً: تحليل موقف الأزمة:

بعد تقدير الموقف الأزموي وتحديده تحديداً دقيقاً، يقوم مدير الأزمة بمساعدة معاونية بتحليل الموقف الأزموي، وعناصره المختلفة ومكوناته، بهدف اكتشاف المصالح الحقيقية الكامنة وراء صنع الأزمة، والأهداف الحقيقية غير المعلنة التي يسعون لتحقيقها، ويتم التحليل بهدف الاستدلال وصولاً إلى يقين، عن طريق التمييز الواضح بين عناصر الموقف الأزموي، لتوضيح عناصر الأزمة، ومن ماذا تتركب، وتقسيمها إلى أكبر عدد ممكن من الأجزاء ليتسنى لنا إدراكها بأقصى وضوح ممكن، ومن هنا يتم تحليل الموقف الأزموي المركب إلى أجزائه البسيطة، ثم إعادة تركيبه بشكل منتظم، بحيث يتم التوصل إلى معلومات جديدة من صنع الموقف الأزموي، وكيفية معالجته، ومن هنا يتم تحليل الموقف الأزموي إلى ما يتركب منه من عناصر مبسطة بهدف الإحاطة بها على وجه سليم، وفي هذه المرحلة يتم استخدام النماذج العلمية لقياس وتحليل الموقف الأزموي، ويعتمد هذا بالطبع على الإختيار الدقيق والصحيح لأدوات القياس والتحليل، والتي من أهمها ما يلي:

1. تحليل علاقات الارتباط و الانحدار للمتغيرات والثوابت الخاصة بعوامل وعناصر الموقف الأزموي والعوامل المساعدة على إيجاد الأزمة، ومدى تأثر

كل منها وتأثيرها أيضاً على صنع الأزمة وعلى تشكيل الموقف الأزموي ووصوله إلى ما وصل إليه من حجم وضغط وتأثير.

2. تحليل أسباب التوتر على أساس المعلومات التي تم الحصول عليها، والوصول إلى العوامل التي دعمته، وأيضاً تحديد مستويات التوتر التي بلغتها الأزمة، ومراحل الاستقرار والتعادل التي استطاعت قوى كبح الأزمة الوصول إليها أو تحقيقها وباستخدام عوامل معينة.

3. تحليل مواطن القوة لدى كل من الطرف الصانع للأزمة، وكذا الطرف الكابح لها، ومواطن الضعف أيضا لدى الطرفين، وبالشكل الذي يظهر كيفية الاستفادة من كل منهما.

4. تحليل طبيعة الخطر الذي تشكله الأزمة، وتكاليف وأعباء استمرارها، ومدى تأثير كل ذلك على الكيان الإداري الذي نشأت به الأزمة.

وبعد هذا كله يتم تحويل ما توصلنا إليه من تحليلات إلى عناصر كمية ورمزية تزود بها الحاسبات الإلكترونية، وفي إطار النماذج والبرامج المصممة، يتم تشغيل هذه البيانات وتحديد إجماليات وأجزاء كل نموذج منها حتى يتم استخراج المؤشرات والنتائج والحلول الكلية والجزئية، والبدائل المختلفة التي يتعين الاختيار

من بينها، الأمر الذي يقلل من احتمالات الخطأ والتحيز غير الموضوعي عنـد القيـام بعمليـة التخطيط لمواجهة الأزمة.

ثالثاً: التخطيط العلمي للتدخل في الأزمة:

وهي مرحلة رسم السيناريوهات ووضع الخطط والبرامج، وحشد القوى لمواجهة قوى الأزمة والتصدي لها، وقبل أن يتم هذا بكامله يتم رسـم الخريطـة العامـة لمسـرح عمليـات الأزمـات بوضـعه الحالي، مع إجراء كافة التغيرات التي تتم عليه أولاً بأول، حيث يكون هناك مسرح وعـلى هـذا المسـرح يتم وضع كافة الأطراف والقوى التي تم حشدها من قبل صانعي الأزمة ومن جانـب مقـاومي الأزمـة، وتحديد بؤر التوتر وأماكن الصراع، ومناطق الغليان، باعتبارها جميعاً مناطق ساخنة ومن خـلال هـذه الرؤية العلمية الشاملة المحيطـة بأبعـاد المسـرح الأزمـوي وزوايـا الرؤيـة المتعـددة للأطـراف المتعلقـة والمرتبطة بالأزمة، يتم رسم خريطة التحرك على النحو التالي:

أ. تحديد الأماكن الأكثر أمناً والمحصنة تماماً لاتخاذها كمناطق إرتكاز وقواعد للانطلاق.

ب. تحديد الأماكن الآمنة لتكون بمثابة سياج آمن للقواعد الخاصة بـالانطلاق، فضلاً عـن حـاجز امتصاص للصدمات إذا ما تدهور الموقف، فضلاً عـن مناطق إنـذار وتصـفية وتحطـيم وصـد الأمواج الأزموية، أو مناطق تفريغ وتهدئه للضغوط الأزموية وامتصاص جيد لها.

ج. تحديد أسباب الأزمة المتصلة بالنظام، وأياً من رموز النظام أو رموز القيـادة في الكيـان الإداري يمكن التضحية به، وإعداده لهذه التضحية، وتوجيه السخط له، والتمهيد لدخول لرمز جديد، له شعبية ترتاح إليها قوى صنع الأزمة، أو رمز قادر على تهدئه الأوضاع.

د. تحديد خطـة امتصاص الضـغوط الأزمويـة الحاليـة عـن طريـق الاستجابـة لـبعض المطالـب، والتوافق مرحلياً مع قوى صنع الأزمة من خلال المراحل العلمية الآتية:

1. مرحلة الاعتراف بالأزمة.

2. مرحلة التوافق والاستجابة المرحلية لمطالب قوى صنع الأزمة.

3. مرحلة التحقيق والتثبت من أسباب الأزمة.

4. مرحلة تشكيل لجان المناقشة والاشتراك في حل الأزمة.

5. مرحلة المشاركة في الحل المقترح ونقل عبء حل الأزمة للقوى الصانعة لها.

6. مرحلة ركوب الأزمة والإنحراف بها، وحماية الكيان الإداري من تأثيرها والاحتفاظ بحيويته وأدائه.

هـ. توزيع الأدوار على قوى إدارة الأزمة وبصفة خاصة على أعضاء فريق المهام الذي تم تكليفه بمهمة التدخل المباشر لمعالجة الأزمة.

و. التأكد من استيعاب كل فرد لدوره المرسوم له في إطار المهمة الموكولة إليه وطبقاً للخطة العامة الموضوعة، وكذلك التأكد من التتابع الزمني للمهام وفقاً للسيناريوهات المعدة لمعالجة كل من إفرازات الأزمة، والقوى الصانعة لها، وكذلك للتضامن مع بعض عناصرها، وكذلك للسيطرة على المسرح الأزموي بشكل فعال.

ز. حشد كل ما تحتاجه عمليه التعامل الأزموي، وتزويد فرق المهام باحتياجاته من الأدوات والمعدات التي يتطلبها ويحتاجها الموقف الأزموي.

ح. تحديد ساعة الصفر أو التوقيت المحدد لبدأ العملية وتنفيذ المهمة المحددة بشكل فعال وحاسم، على أن يتم متابعة ما يحدث أولاً بأول، والوقوف على ردة فعل الأطراف الأخرى.

وأياً ما كانت العملية التخطيطية، فإنه نتيجة للضغط الأزموي وما تتسم به العملية الأزموية من عدم وفرة الوقت الكافي للتخطيط فيجب أن يلجأ متخذ القرار إلى مجموعة السيناريوهات الجاهزة التي أعدت من قبل لمواجهة المواقف الأزموية الصعبة واستخدامها أو إجراء تعديل طفيف عليها لتكون صالحة للاستخدام الفعلي.

رابعاً: التدخل لمعالجة الأزمة:

يتم التدخل لمعالجة الأزمة بعد أن يتم الإعداد الجيد لكل شيء وإجراء الحسابات الدقيقة لكل شيء حيث أنه من خلال المعرفة والإحاطة الشاملة والكاملة والدراية بالسيناريوهات البديلة والسيناريو المعتمد والمجاز للتدخل في الأزمة، وإسناد المهام، وتوزيع الأدوار على فرق المهام الأزموية يكون متخذ القرار الإداري في إدارة الأزمات قد حدد كل شيء، ووضع لكل عنصر ـ احتمالاته، وحسب اتجاهاته، ثم إتخذ القرار.

وتتم المعالجة الأزموية على أنها مجموعة مهام أساسية ومهام ثانوية ومهام تكميلية فالمهام الأساسية تقوم على الصدام والدحر، والمواجهة السريعة العنيفة، والامتصاص، والاستيعاب والاستنزاف وتحويل المسار الخاص بقوى صنع الأزمة.

في حين أن المهام الثانوية تنصرف إلى عمليات تهيئة المسارات وتأمين الإمدادات وحماية قوى مواجهة الأزمات وتوفير المساندة والمؤازرة لها، أمام المهام التكميلية فتنصرف أساساً إلى معالجة الآثار الجانبية السلبية المترتبة عن الصدام مع قوى صنع الأزمة، وامتصاص أي ما من شأنه أن يوجد غضباً أو خوفاً أو رعباً في المجتمع الذي حدثت فيه الأزمة.

وفي هذا النطاق، فإن التدخل العلمي للتعامل مع الأزمات، لا يذهب بعيدا عن الأهداف العلمية الموضوعة، خاصة وأن الهدف الدائم الثابت والراسخ هو المحافظة على سلامة الكيان الإداري الذي حدثت به الأزمة، وحمايته من التصدع أو الانهيار وبمعنى آخر أن لا تكون المعالجة الأزموية سببا في حدوث شرخ أو خلل عنيف يؤدي إلى انهيار الكيان الإداري وتصدعه.

وعلى الرغم من أن هذه الأهداف تختلف من أزمة إلى أخرى، وأنها تتحدد في ضوء الحالة التي يواجهها مدير الأزمات، والظروف المحيطة بالأزمة، ونجاح مدير الأزمة في تحقيق الأهداف المرحلية السابقة، واتضاح أبعاد الموقف الأزموي، واعتبار قدرة الكيان الإداري وقابليته على الاحتمال والامتصاص و تلاشي المخاطر التي كانت تهدد بدمار الكيان الإداري كل ذلك وغيره يدفع إلى الأعلى بمجموعة من الأهداف النهائية لمدير الأزمة و هي:

1. معالجة آثار الأزمة الحالية، ومحو السلبيات التي نجمت عنها، والوصـول بـالأداء التشـغيلي للكيان الإداري إلى المستويات التي كان عليها قبل حدوث الأزمة على الأقل، واستعادة حيويتـه وفاعليته الكاملة فكأنه لم تحدث الأزمة.

2. تطوير وتنمية الأداء التشغيلي والكيان الإداري والإرتقاء إلى مستويات تشغيل وأداء أفضل مما كان عليه الحال قبل الأزمة، خاصة مع إحداث تغيير وتطوير في تكنولوجيا الإنتاج والتسـويق والتمويل والكوادر البشرية.

3. وضع نظام وقائي يمنع حدوث هذه الأزمة مرة أخرى أو غيرها من الأزمـات المشـابهة، وبالتـالي إكساب الكيان الإداري المناعة والوقاية والحماية اللازمة ضد مخاطر حدوث هذه الأزمات مرة أخرى، ومنع أي ما من مصلحته إشعال هذه الأزمة مـن جديـد، وذلـك مـن خـلال اسـتخدام المناهج العلمية في: التخطيط والتنظيم والتوجيه والتنسيق، والتحفيز، والمتابعة والرقابة.

خامساً: تقدير وتحديد المدى الزمني للتعامل مع الأزمات:

وهو أخطر العناصر على وجه الإطلاق حيث أن عنصر الوقت يعد العنصر الحاكم والمتحكم في نجاح التعامل مع الأزمات، فكل شيء يتعين أن يـتم بسـرعة وأن التصـدي للأزمـة ووقـف امتـدادها وتجميدها يتعين أن يسابق الزمن، وأن يؤتي أثره ويفعل تأثيره، ويعد مدى التعامل مع الأزمـات قصـير الأجل بدرجة كبيرة، لأن

الكيان الإداري لا يستطيع أن يتحمل عبء وتكاليف الأزمات مـا بـين شـهر وشـهرين عـلى الأكثر، ومن هنا فان وقت التدخل المتاح أمام مدير الأزمة محدود، والسرعة في التعامل لها الأولويـة، والدقة والنجاح والسيطرة على الأحداث أمور حتمية، وتحقيق العائد السريع والإنجاز الملموس عمل أساسي للنجاح في معالجة الأزمة.

ومن ثم يحتاج متخذ القرار إلى سرعة التحرك، وإصـدار قـرارات فوريـة سـريعة وصـائبة ولا تتحمل أي خطأ، ولا يترتب على تنفيذها أي قصور، ومن هنا تقوم عوامـل الخـبرة والدرايـة، والعنـاصر العلمية، وملكات الموهبة والإلهام بدور رئيسي في فن اتخاذ القرار الإداري في وقت الأزمة، إلا أن القرار الإداري للتعامل مع الأزمات يخضـع عنـد إصـداره لدراسـات متعمقـة شـاملة لـثلاث مجموعـات مـن المحددات هي كما يلي:-

المجموعة الأولى: محددات عامة: تخضع لها المنشـآت جميعهـا بصرف النظـر عـن نشـاطها وظروف معاملاتها وتشمل:

1.   المحددات الاقتصادية للنظام.

2.   المحددات السياسية للنظام.

3.   المحددات الاجتماعية للنظام.

4.   المحددات القانونية للنظام.

المجموعة الثانية: محددات خاصة: ترتبط بالكيان الإداري الخاص بالأزمة ويشمل هذا النوع من المحددات ما يلي:

1. مقدار الدعم الحكومي.

2. مقدار دعم عملاء الكيان الإداري.

3. مقدار دعم موردي احتياجات الكيان الإداري.

4. مقدار دعم موزعي منتجات الكيان الإداري.

المجموعة الثالثة: محددات خاصة بالموقف الأزموي: لكـل أزمـة موقـف خـاص بهـا يحـدد صيغة التحرك والمواجهة التي يتم التعامل معها فيها، ويصعب بالتالي تجاهلها وأهم هذه المحددات ما يلي:

1. إطار الحركة المسموح بها في معالجة الأزمة.

2. إطار التكلفة المسموح بها.

3. حدود الخسائر في الأرواح والمعدات المسموح بها.

وبعد دراسة متعمقة لهذه المحددات , وإحاطة بعناصرها, يتعين أيضـا توضـيح أن التعامـل مع الأزمات يقوم على رؤية علمية وإحساس واقعي بالأزمة, وبصيرة قوية

باتجاهات المستقبل, مبنية على التوقع الرشيد لإحداثيات وآليات ومحددات وعناصر الأزمة في المستقبل القريب ويتم ذلك من خلال إدراك حقيقي لها, ومعرفة كاملة وتفصيلية بجميع الظروف الظاهرة والمحيطة بالأزمة, وكشف الأمور الغير الظاهرة و المستترة والخفية منها قدر المستطاع، وذلك لتحديد العوامل التي يتعين التعامل معها كما يلي:

1. إما تحديدها تحديداً تاماً.

2. أو تجزئتها وتفتيتها إلى أجزاء والتعامل مع كل جزء على حدة.

ويتم ذلك من خلال الإتفاق مع متخذ القرار الإداري، فالتعامل مع الأزمات يحتاج إلى قرارات سريعة وصائبة، وهي عمليه معقدة تخضع لحسابات كثيرة للإحاطة بكافة النتائج التي قد تحدث نتيجة لهذه القرارات على الرغم من أن متخذ القرار يكون واقعاً تحت ضغط شديد متصاعد ثلاثي الأطراف ممثلاً في:

أ. ضيق الوقت المتاح أمامه للتصرف السريع الصائب الذي لا يتضمن أي خطأ، لأنه لا يوجد وقت للإصلاح أو إعادة المعالجة، فأي خطأ قد يكلفه دمار الكيان الإداري.

ب. إتباع دائرة المجهول مواجهة بيئة عدم التأكد ونقص المعلومات وسيادة حالة ضبابية تؤدي إلى المزيد من الشكوك والظنون والهواجس، والتي قد تتناقض وتختلف عن ما يحدث في الواقع.

ج. تفاقم النتائج المترتبة على استمرار الأزمة واستفحال عواقبها وتضخم الخسائر والتكاليف الناجمة عن مواجهتها وعدم تحقيق أي نتائج إيجابية منها.

ولعلاج هذه الضغوط الثلاثية استخدمت في الماضي عدة أساليب يطلق عليها حالياً الأساليب التقليدية السابقة لمعالجة الأزمات، وفي الوقت الحالي استخدمنا الأساليب العلمية الإدارية الحديثة للتعامل مع الأزمات بشكل جديد، والتي سنتعرض لكل منها من خلال الفصل الخامس فيما يلي.

الفصل الخامس

طرق وأساليب التعامل مع الأزمات الاقتصادية والمالية والإدارية

طرق وأساليب التعامل مع الأزمات الاقتصادية والمالية والإدارية

هـل أنـت ذلـك الشـخص الـذي قـدر لـه أن يعـالج أخطـاء الآخـرين؟ وأن يتحمـل وزرهـم ومصائبهم وكوارثهم التي أحدثوها؟ وهل أنت قادر على التعامل من وراء ستار متخفيا تقود المصـلحة العامة للكيان الإداري الذي حدثت به الأزمة وهل لديك ذلك النوع من الجلد والصلد الذي يتصف به وحيد القرن في غابات أفريقيا، وهل لديك العزيمة الحديدية للجمل في اختراقه للصحراء الكبرى؟، وهل لديك تلك الشخصية التي لا تقبل كلمة لا كإجابة لطلبها؟ وهل لديك الإرادة على رفض كلمة مستحيل إذا ما واجهك أحد بها؟ وهل لديك القدرة على إعداد خطة عاجلة وتنظيمها وتوجيه أوامرها ومتابعتها في وقت وجيز لا يزيد عن عشر دقائق وبدون أي إخطار سابق؟ وهل لـديك القـدرة عـلى أن تتحمـل النقد اللاذع، وضربات الخيانة ومكائد ودسائس الحاقدين، من وراء ظهرك، ومع ذلـك تبـدو متماسـكاً قوياً؟ هل تمتلك ذلك الإخلاص المتفاني في العمل الذي يدفعك لبذل أقصى ما لديك وتقديم كل ما تملك بما فيه الروح والإصابة الجسيمة في مهمة سيئة أسندت إليك حتى لو كنت تدرك مقدما أنـه لا أمـل في معالجتها؟ وهـل لـديك الضمير اليقظ الحي الـذي يجعلـك تتجـه إلى الأفضـل في اسـتخدام الوسـائل والأدوات الفنية التي تحقق هدفك بأدنى الخسائر وأقل التكاليف.

إذا كان لديك كل هذا وأكثر فأنت تصلح كمدير للأزمات، ومن ثم يمكنك الآن أن تتقدم لتتعرف على طرق التعامل مع الأزمات والتي تنقسم إلى نوعين رئيسين من الطرق هما:

أ.   طرق تقليدية سابقة ماضية سبق وأن جربت من قبل.

ب. طرق علمية غير تقليدية جديدة إبداعية لم تجرب من قبل.

أولاً: الطرق التقليدية السابقة القديمة والماضية والمنتهية المفعول للتعامل مع الأزمات الاقتصادية والمالية والإدارية:

هي مجموعة من الطرق التي سبق تجربتها واستخدامها من جانب جميع دول العالم عندما تعرضت لأزمة من الأزمات، وهي طرق لها إغراء وجاذبية الاستخدام من جانب القادة، بل إن كل منهم يتشوق إلى تجربتها واستخدامها تحت ضغط الأزمة، نتيجة لرغبتهم العارمة في تجربة قوة السلطان وصلاحياتهم في ممارستهم للغطرسة و للقوة وممارسه الشدة ضد الأزمات.

وهذا النوع من الطرق له طابع خاص يستمد خصوصيته من خصوصية الموقف الأزموي الذي يواجهه متخذ القرار في إدارة الأزمات، ويتعين الإلمام بجوانبها فضلاً عن أنواعها، ويلاحظ أن هذه الطرق التقليدية تتراوح ما بين العنف الشديد،

وبين التجاهل والتجميد والإرجاء والتسويف وهي طرق لا تقدم علاجاً ناجحاً بقدر ما تقدم معالجة وقتية ظرفية لامتصاص الضغط الأزموي ووقف تصاعده، وفيما يلي عرض لكل منها بشيء من الإيجاز:

1. إنكار الأزمة:

وهي أبسط الطرق التقليدية، حيث يعلن المسئول أو متخذ القرار الإداري أنه لا توجد أي أزمات وأن الأوضاع القائمة تعبر عن أفضل وأحسن وأجمل الأوضاع، وأنه ليس في الإمكان أفضل مما هو قائم الآن، وأن كل شيء يتم بصورة أفضل وأحسن وأرقى وأن الإنجازات التي تحققت غير مسبوقة، وأن الانجازات التي سوف تتحقق لا يمكن تصورها حتى في الأحلام، وأن من ينكر هذا جاحد وخارج عن العرف والآداب والقانون، بل إن من لا يعترف بهذا الإنجاز مكابر خائن ووفقا لهذا الطرقة تتحول الأوضاع حسب تصوراتهم الذهنية التي لديهم والتي غالبا ما تكون وهماً وغير الحقيقية فيتصورون ويتوهمون بأن الأوضاع قد انتقلت من – إلى:

من قاع التخلف – إلى ذروة وقمة التقدم.

ومن تدني التأخر – إلى تفوق الريادة.

ومن انفرادية الاستبداد – إلى قمة المشاركة.

ومن قهر الديكتاتورية - إلى نعيم الديمقراطية والشورى.

ومن الفشل الذريع - إلى قمة النجاح.

ويطلق على هذه الطريقة التعتيم الإعلامي للأزمة، وتستخدم هـذه الطريقـة في ظـل إدارة ديكتاتورية شديدة التسلط، ترفض أي إعتراف بوجود خلل ما في الكيان الإداري الذي تشرف عليه.

وكما هو معروف أن إدارة الأزمات هي إدارة شديدة الحساسية ضـد أي نقد يوجـه إليهـا، ومن ثم تلجأ إلى التعتيم على بعض الأزمات التي تواجهها، وتقول بإنكار حـدوث الأزمـة، بـل والإدعـاء بسلامة الموقف الإداري، ومتانة الكيان الإداري وحسن الأداء فيه، وأن الموقف الحـالي والحالـة الحاليـة تعكس أفضل الأوضاع وتمثل قمـة الإزدهـار والـرواج، والرخـاء والرفاهيـة، وأن الآمـال العريضـة تأخـذ طريق التحقق، وأن الإنجاز المعتبر فعلاً هوالكيان الإداري المسؤول عن تحقيـق الأحـلام التـي أصبحت حقيقة واقعة يلمسها الجميع.

وأن ما قد يقال عكس هذا هو من فعل قوة هدامة تتربص في الظلام لتـدمير جهـود صنع الغد المشرق، وتأخير مسيرة التقدم، وهي قوة حاقدة أعماها ظلام الحقد

عن أن ترى نور الحقيقة الوهاجة الرائعة، والإنجازات العملاقة التي لا ينكرها إلا مكابر أحمق فاقد الإنتماء.

وواقع الأمر أن إنكار الأزمة لا يلجأ إليها إلا المسئول الإداري الذي لا يملك قدرة على المعالجة العلمية والعملية السليمة حيث يستغل السيطرة على الكيان الإداري بدلاً من المشاركة والتعاون في حل الأزمات، خاصة عندما لا تكون عنده أدوات المعالجة ولا تتوفر لديه إمكانيات هذه المعالجات فلا يكون أمامه إلا التعتيم وإنكار حدوث الأزمة.

ومن خلال هذا التعتيم يتم السيطرة على الأزمة وتدميرها، ولعل أكثر الأمثلة على استخدام طريقة الإنكار في معالجة الأزمات ما تستخدمه الدول النامية والدول الفقيرة والدول العربية والإسلامية عند تعرضها لوباء أو مرض صحي معين مثل أنفلونزا الطيور أو إنفلونزا الخنازير أومثل مرض الإيدز وما إلى غير ذلك من الأمراض المعاصرة والخطيرة فتقوم الجهات الإدارية المسؤولة بالمبادرة إلى التعتيم الإعلامي وعلى أي أخبار تتصل بهذا المرض وبهذه الأزمة فإذا تسربت بعض الأنباء المتفرقة هنا وهناك عن المرض أو عن هذه الأزمة يسرع المسئولون بالإنكار وإدعاء العكس.

2. **كبت الأزمة:**

وتتم عمليه الكبت من خلال إغلاق كافة المنافذ التي يمكن أن تنفذ من خلالها قوى صنع الأزمة، وإفقادها زعمائها وقادتها ومفكريها ومنظريها، ومن يمكن أن يتولى قيادتها بحكمة، وعدم السماح لهم بالتجدد الذاتي، بل القضاء أولاً بأول على كل البراعم الوليدة التي يمكن أن تشكل اتجاهاً أو محوراً من محاور التجدد، فضلاً عن محاربة الرموز القيادية ووصمها بالعار والمخالفة للشرعية والقانون والحضارة الإنسانية.

ويطلق على هذه الطريقة كبت الأزمات أو تأجيل ظهور الأزمات وهو نوع أيضا من التعامل المباشر مع الأزمة الذي يهدف إلى تدمير الأزمات أيضا عن طريق استخدام العنف الشديد لإخماد الأزمات وتدمير عناصر الأزمات الأولية بشكل عام.

ويتم وفقاً لهذه الطريقة التعامل مع الإفرازات التي أفرزها نظام الأزمة بعدم الاستجابة لقوى الضغط الدولية لوجودها، بل والتحرك السريع المباشر العنيف مع معرفة الأسباب والعوامل والتي تعمل على إفقاد الأزمة قوة الضغط وكذلك كبتها وإرجائها إلى حين.

3.   تشكيل لجنة لبحث الأزمة:

وهي قمة الخداع وفي الوقت ذاته قمة المكر في إدارة الأزمات، وتستخدم هذه الطريقة عندما لا تتوافر معلومات عن القوى الحقيقية التي صنعت هذه الأزمة أو التي لها مصلحة في إنشائها حيث يتم رصد، وتتبع، ومعرفة هذه القوى، وتحليل ودراسة، وتشخيص كافة الجوانب التعاملية، ومن ثم يكون هدف هذه اللجنة لها جانبان هما:

الجانب الأول: معرفة من هم الذين كانوا سبباً في وجود الأزمة، ومن ثم التعامل معهم بإحدى طرق التعامل المعروفة، والتي تتيح السيطرة عليهم وتحويلهم من أعداء خطيرين إلى قوى مساندة وبالتالي تصبح تحت السيطرة والتحكم.

الجانب الثاني: تمييع الموقف وإفقاد الأزمة قوة الدفع الخاصة بها، وخاصة مع اتساع نطاق البحث، وامتداده إلى مجالات فرعية متشعبة ومتداخلة ومتشابكة، وفي الوقت ذاته العمل على توقيف وعدم ظهور أي نتائج سلبية ملموسة.

وفي الواقع فإن طريقة تشكيل لجنة لبحث الأزمة من بين القوى المسببة لها، هو في الواقع أمر ماكر يهدف إلى تدمير قوى صنع الأزمة وتحويلها إلى قوى مساندة ومتعاونة ومساعدة، وعندما تأخذ اللجان فترة مناسبة من الزمن، ولجان

تنبثق عن لجان أخرى تجتمع ويؤجل اجتماعها مرات ومرات عديدة حتى ينسى الجميع الأزمة وأسبابها.

4.   بخس الأزمة:

ومحور هذه الطريقة التقليل من شأن الأزمة ومن تأثيرها ومن نتائجها، ولكن يتعين أولاً الاعتراف بالأزمة كحدث تم فعلاً، ولكنه حدث غير هام، قليل الشأن يتم التعامل معه بالأساليب المناسبة للقضاء عليه، حتى يستعيد الكيان الإداري توازنه واتساقه، وبمعنى أخرى يتم تصوير الأزمة على أنها مجرد زوبعة في فنجان وأنها ليست من الخطورة أو الأهمية بمكان، وأن التعامل معها من قبيل معالجة مستصغر الشرر حتى لا تحدث ناراً أو حريقاً

وتستخدم في طريقة بخس الأزمة عدة أدوات شديدة التأثير والفاعلية تؤدي جميعها إلى القضاء على قوى صنع الأزمة، وبطرق مختلفة بعضها بالإغراء المادي أو الوظيفي، وبعضها بالقتل والتصفية الجسدية.

5.   تنفيس الأزمة:

ويطلق على هذه الطريقة أيضاً طريقة تنفيس البركان وينظر إلى الأزمة على أنها بركان على وشك الانفجار، وأن الأبخرة والغازات التي تتصاعد من فوهته

ما هي إلا مقدمات، وأن الإبقاء على حالة الغليـان أو الغضـب سـوف يـؤدي إلى مزيـد مـن القوة تكسبها قوى صنع الأزمة، وبالتالي يزداد الضغط ويتراكم وتشتد القوة في بركان الأزمة، ومـن ثـم يحدث انفجارها المروع المدمر، ولهذا فإنه يتعين تنفيس الأزمة أو البركان عـن طريـق إجـراء فتحـات جانبية حول فوهة البركان تكون بمثابة تنفيس للضغوط داخله، أو تفجيره من الداخل.

ويتم هذا واقعياً في معالجة الأزمات من خلال دراسـة مستفيضـة ومتعمقـة لقـوى الضـغط الخاصة بالأزمة ومعرفة علاقات أطرافها بعضهم ببعض وتحديد ما يلي:

- مصادر تصارع المصالح.

- مصادر تصارع الحقـوق.

- مصادر تصارع الآراء والأفكار.

- مصادر تصارع القوى الشخصية.

- مصادر تصارع المعلومات الدقيقة والمتأكد من صحتها.

ومن خلال الإحاطة بأبعاد هذا التصارع بـين الحقـوق، وبـين المصـالح والمعلومـات والأفكـار، والآراء، لأطراف وعناصر الأزمة، فيمكن فتح ثغرات مختلفـة في جـدار وبنيـان الأزمـة، وتنفيس حالـة الغضب والغليان والتوتر، وإيجاد قضايا جزئية تستوعب جانبـاً هامـاً مـن هـذا الضـغط تسـتنزف جهـد أصحابها فتضعف قوة الدفع الرئيسية للأزمة وتتنفس الأزمة وتصغر وتختفي.

6. **طريقة تفريغ الأزمة:**

وهي طريقة فائقة الدهاء، حيث بموجب هذه الطريقة يتم إفقاد تيار الأزمة قوته، ومساره، واتجاهه، حيث يتم إيجاد مسارات بديلة متعددة ومتنوعة، تتسرب إليها قـوة الـدفع ومـن ثـم تفقد عناصر الخطر فيها، حيث يصبح تيار الأزمة الرئيسي مجزأ إلى تيارات فرعية جانبية، وخلالهـا يـتم فتح ثغرات مختلفة في جدار تيار الأزمة، وتحويل هذا التيار إلى مسارات بديلة وعديـدة تستوعب جهـد الأزمة وتستنزف طاقتها وتقلل من خطورتها.

إن الأزمة تصبح كالطاولة البلياردو، كراتها متجمعة، وتحتاج إلى صـدام معهـا لتفريقهـا عـلى إن يتم إسقاط أكبر عدد منها مع أول خبطة بعصا البلياردو، وهو ما يحتاج معه إلى مهـارة فائقـة مـن مدير الأزمات وفقاً للخطوات التي توضحها المراحل التالية:

أ.   مرحلة الصدام:

ويطلق عليها البعض مرحلة المواجهة الحادة العنيفة مع القـوى الدافعـة لنشـوء الأزمـة، أو المتزعمة للضغط الأزموي، والمولدة لروافدها، ومن خلال هـذا الصـدام العنيـف يتحـدد مـدى تماسـك هذه القوى، ومقدار استعداد كل منها للاستمرار في الصدام وتحمـل تكلفتـه، ومـدى تراجـع بعضـه أو استعداده للتراجع، ومدى ترابط وحدة الأهداف أو تعارضها، ويكون هدف مرحلة الصدام هو تفكيـك قوى صنع الأزمة واستقطاب وجذب عناصرها والقضاء على بعض زعمائها، خاصة المتطرفين منهم.

ب. مرحلة وضع البدائل:

وفي هذه المرحلة يقوم مدير الأزمة بزرع مجموعة من الأهداف البديلة لكن اتجـاه أو فرقـة انبثقت عن الصدام، ويصبح مدير الأزمات كلاعب البلياردو الماهر، عنـدما يقـوم اللاعـب بـأول اللعبـة لتفريق الكرات المتكتلة أمامه، والتي يـدفع كـل منهـا إلى اتجـاه متشـعب ومتفـرق، ومـن ثم يسـهل التعامل مع كل منها وإدخالها إلى الحفرة الخاصة أو المناسبة لها.

ج. مرحلة التفاوض مع أصحاب كل فرع أو بديل:

وبمعنى آخر مرحلة استقطاب، وامتصاص، وابتلاع، وإذابة أصحاب كل بـديل، عـن طريـق التفاوض، ويتم التفاوض مع أصحاب كل اتجاه أو فرع من خلال رؤية علميـة شاملة ومتكاملـة مبنيـة على أساس إجابات وافية للأسئلة الآتية:

السؤال الأول: ما الذي نريده من أصحاب هذا الفرع؟

السؤال الثاني: ما الذي يمكن لنا تقديمه لهم للحصول على مـا نريـد؟ وبمعنى آخـر مـا مـدى استعدادنا للتنازل عن بعض ما نحوزه لهم؟

السؤال الثالث: ما الذي يجب ممارسته من ضغوط لإجبارهم على قبـول مـا نعرضـه عليهم وتنفيذهم لتعهداتهم مقابل الثمن الذي سيحصلون عليه منا؟

وتحتاج طريقة تفريع الأزمة إلى استخدام الكثير مـن المغريـات والإغـراءات الجذابـة، أي إلى زيادة المكاسب والمنافع التي سيحصل عليها الأطراف الذين تم استقطابهم ليـس فقـط لإخـراجهم مـن دائرة الصراع الأزموي ولكن أيضا لإقناعهم بتشكيل قوى مناوئة لقوى صنع الأزمة، وعـادة مـا يحـدث استخدام هذه النوع من الطرق في التعامل مع القوى السياسـية والتنظيمات غيـر الرسـمية، بـل ومـع الأحزاب

السياسية المعارضة التي يتم مهاجمتها وإجبارها على الانشقاق والانقسام والتجزؤ، و قيام كل قسم بإنشاء أحزاب مناوئة ومعارضة للحزب الذي انشق منه.

7.   **عزل قوى صنع الأزمة:**

الأزمة لا تنشأ من ذاتها، ولكن بالطبع تنشأ نتيجة وجود قوة معينة عملت على إحداث الأزمة وعلى تصعيد الضغط الأزموي حتى يأتي تأثير الأزمة في إحداث خلل أو عدم توازن في الكيان الإداري الذي حدثت فيه الأزمة، بل وتقويض دعائم بنيان هذا الكيان وجعله على حافة الإنهيار لتدميره أو لانهياره، وفي واقع الأمر فإن عزل الأزمة قائم على نظرية العزل والإبعاد، وما انتهت إليه من عمليات العزل المحكم، سواء كان هذا العزل:

- عزل اقتصادي.

- عزل جغرافي.

- عزل إداري.

- عزل قانوني.

- عزل صحي.

- عزل مالي.

- عزل سياسي.

- عزل وظيفي.

- عزل اجتماعي.

- عزل إداري.

ومن هنا فإن مدير الأزمات يقوم على طريق جهاز استخباراته القويم برصد وتحديد قوى الأزمة، وعزلها عن بؤرة الأزمة، وإبعادها عن تيارها، ووفقاً لهذه الطريقة يتم تصنيف قوى الأزمة إلى عدة أنواع هي:

أ. القوى الصانعة للأزمة.

ب. القوى المؤيدة للأزمة.

ج. القوى المهتمة بالأزمة.

د. القوى المتسببة في الأزمة.

هـ. القوى الداعمة للأزمة.

و.   القوى الداخلية للأزمة.

ز.   القوى الخارجية والدولية للأزمة.

ح.   القوى المدبرة للأزمة.

ط.   القوى المديرة للأزمة.

ي.   القوى المهملة للأزمة.

ك.   القوى المتضررة من الأزمة.

ل.   القوى المواجهة للأزمة.

ويقوم مدير الأزمة وفقاً لهذه الطريقة برصد حركة القوى الصانعة للأزمة، وعزلها عن مسـار الأزمة، وعن مؤيديها بطريقة أو بأخرى عن طرق العزل السابقة الذكر.

8.   إخماد الأزمة:

وهي من الطرق بالغة العنف التي تقوم على الصدام العلني والصريح مع كافة القوى التـي يضمها التيار الأزموي، وتصفيتها بعنف بالغ، وبدون مراعاة لأي مشاعر أو قيم.

وعادة لا يلجأ إلى هذه الطريقة إلا عندما تكون الأزمة قد وصلت إلى حد التهديد الخطير والمباشر للكيان الإداري، وأن استمرارها كفيل بإنهيار بنيان هذا الكيان، وأن الصراع الأزموي قد وصل إلى حد التهديد بخطر الفناء، وتصبح عمليه إدارة الأزمات، هي إدارة لفن الحفاظ على الحياة ضد خطر داهم، كما قد تلجأ إليها الأنظمة الديكتاتورية العنيفة التي لا تقبل أن يكون لديها رأي معارض، مهما كان حجمه صغيرا أو كبيرا، ومن هنا يتم إخماد الأزمة عن طريق مواجهتها بعنف بالغ إلى حد التدمير الصدامي الذي يطيح بكل القوى التي في الجبهة الأزموية، ثم ملاحقة أطرافها الذين يديرونها من خلف الستار والقضاء عليهم وتستخدم طريقة الإخماد لتحقيق عدة أهداف هي:

● الإرهاب لكافة الأطراف والذي قد يصل إلى حد الإزالة وفقد الحياة والعزلة والإغتراب، والضياع والفقد والتشتت والنفي.

● حرمان صانعي الأزمة من أي تأييد أو دعم علني أو سري، أو تعاطف بجعل صانعي الأزمة مجرمين موصومين بالإجرام والخروج على الشرعية والأمن والإستقرار.

● التسييس الإرهابي للأطراف التي كان يمكن أن تؤيد أو تدعم أو تنضم إلى قوى صنع الأزمة.

وأياً ما كانت هذه الطرق السابقة التقليدية الماضية، فإن هذه الطرق أصبحت غير عملية، وعاجزة عن التأثير في معالجة الأزمات، خاصة في ظل تنامي وتصاعد حركة الجمعيات الأهلية، ونمو قدرة وفاعلية جمعيات حقوق الإنسان، وانتشار الوعي والمعرفة، وحدوث ثورة الاتصالات، وانتشار العلوم، وتعدد مصادر الثقافة المحلية والعالمية، وفي الوقت ذاته توفر القضاء الدولي، وتشكيل المحاكم الجنائية الدولية وصحيح أن هذه الوسائل لا تزال تجد من يؤيدها من كافة الحكومات إلا أن هذه الطرق التقليدية أصحبت عبثاً حتى على مستخدميها فقد مضى- إلى غير رجعة عصر- الجبابرة الذين كانوا يتحكمون في غيرهم، ومضت أيضاً أيام العبودية والعبيد المطيعة، وأصبح الآن عصراً جديدا أعتمد فيه التحول إلى عصر المشاركة الفاعلة بين كافة الأطراف، فالقمع والشدة وسياسة الحديد والنار جميعها قد انتهى عصر تطبيقها، وأصبح مجرد التلويح بها تثير السخرية والاستهزاء، وأصبح استخدامها مثار للغثيان والقرف ووصمة عار يصعب محوها، ومن هنا جاء الوقت للتفكير في استخدام طرق وأدوات جديدة تمشيا مع روح العصر، وديمقراطية القرار، والمشاركة الفاعلة، وعالمية الأحداث في ظل وسائل الاتصال والتكنولوجيا المرتفعة، التي تتيح لكل إنسان أو مؤسسة معرفة كاملة بما يدور في العالم، كل هذا وغيره استلزم البحث عن طرق أخرى جديدة وغير تقليدية إبداعية للتعامل مع الأزمات وسيتم التعرض والدخول لها بكل تفصيل ووضوح كما يلي:

ثانيا: الطرق العلمية الجديدة والغير التقليدية والإبداعية للتعامل مع الأزمات الاقتصادية والمالية والإدارية:

عندما تحدث أزمة في عصرنا الحاضر، تستخدم الكيانات الإدارية مجموعة من الطرق الإبداعية والجديدة والغير التقليدية في معالجتها والتعامل معها، وهي طرق مختلفة عن الطرق التقليدية، وهي طرق أكثر فاعلية، أصبحت أكثر من مناسبة لروح العصر، ومتوافقة مع طبيعة متغيراته.

إن هذه الطرق تتفاعل بشكل كامل ومتكامل، وهي طرق تعتمد على الذكاء، وفي الوقت ذاته المحافظة على تماسك مجتمع الأزمة، والمحافظة على موارده، والمحافظة على قدراته، وتعتمد أكثر على المبادرة والابتكار، والاعتماد على التجدد والتجديد والإبداع إنها طرق تعتمد على السعادة والبهجة والحب أكثر من الحزن والكراهية والبغضاء طرق تعتمد على الفهم الواسع العميق الممتد لكل مقومات وعوامل الأزمات ومسبباتها وآثارها. وهذه الطرق لها طبيعة خاصة عند استخدامها يمكن التعرض والشرح لها على النحو التالي:

أ.   طريقة فرق العمل:

وهي من أكثر الطرق شيوعاً واستخداماً للتعامل مع الأزمات في عصرنا الحاضر، حيث نتيجـة لتشعب وتشابك وترابط واعتمادية العلاقات والعوامل الدامغة للأزمة والمحفزة لها يتطلب الأمروجود أكثر من خبير ومتخصصين وفني في مجالات مختلفة حتى يتم حساب كل عامل من العوامـل وتحديـد التصرف المطلوب للتعامل معه، ولحل الأزمة بالشكل السليم، ومن خلال درجة مرتفعة من الدقة التي لا تترك شيئاً للصدفة أو التي تتجاهل بعض العناصر لعدم المعرفة بها أو لعدم خبرة متخذ القرار فيهـا ومن ثم فإن طريقة فرق العمل، هي طريقة تفاعلية استهدافية يقوم بها الخبراء والمتخصصين، وعـادة مـا يكـون فريـق العمـل متكامـل ومكـون مـن عـدد مناسـب مـن الخبـراء والمتخصصـين في مختلـف التخصصات التي لها علاقة بالأزمة، لبحث مجالات وأبعاد وطرق التعامل مع الأزمة ووضع خطة عمل سريعة محكمة ومدروسة بدقة لهذا التعامل، وفي الوقت ذاته مؤكدة النجاح ويتم تكوين فرق العمـل بأسلوبين رئيسيين هما:

الأسلوب الأول ـ فريق العمل المؤقت:

ويختص هذا الفريق بالتعامل مع أزمة بعينها ويتم تشكيله لأول مرة بإسناد مهمة التعامـل مع الأزمة، وعادة ما يتم استدعاء أفراده أو ترشيحهم من خلال قوائم

معدة مسبقاً تضم الخبراء والمتخصصين في المجالات المتصلة بالأزمة، وتحدد اختصاصات هذا الفريق وتكون مهمته ذات طابع خاص على النحو التالي:-

1. تشخيص الأزمة بشكر فوري سريع.

2. إعداد خطة التحرك لمواجهة الأزمة والتعامل معها.

3. متابعة تنفيذ خطة التحرك والتعامل للتدخل السليم لتصحيح أي أخطاء تحدث أو لعلاج أي قصور.

وتنتهي مهمة هذا الفريق بإنتهاء الأزمة، ويتم حله بعد قيامه بالمهمة التي أوكلت إليه بنجاح أو بتعيين فريق آخر للتعامل مع الأزمة إذا لم يحقق نجاحاً وتقدماً ملموساً في تصدية للأزمة ووقف تصاعدها.

الأسلوب الثاني: فرق العمل الدائمة:

وهي فرق عامة ومتخصصة لمواجهة الأخطار التي قد تنجم عنها أزمات، أو تلك التي تنتج عن الأزمات ذاتها، كما تقوم بالتصدي للأزمات في حينها حيث تكون من طبيعة عملها ومن داخل اختصاصاتها، ويستمد هذا الأسلوب أهمية وسبب وجوده هو أن بعض الكيانات الإدارية تشكل ما يسمى (بحكومة الظل) أو مجلس مديري الظل والتي يتم تشكيلها من مجموعة من الكوادر ذات المهارات الخاصة

مختارين بدقة وعناية، تتوافر لديهم قدرات خاصة ومهاراتهم تكون طبيعية، وبعضها تم اكتسابها خلال عملهم وفي سنوات خبرتهم، ويتم تأهيل هؤلاء الأفراد تأهيلاً عالياً ورفع لياقتهم بشكل كبير، استعداداً للتعامل مع الأزمات التي تخصصوا فيها، وحتى لا يكونوا متأثرين بالضغط الواقع عليهم عند حدوث الأزمات.

ب. طريقة الاحتياطي التعبوي للتعامل مع الأزمات:

عندما تواجه أزمة تحتاج إلى تأكيد 100 % من مقومات إنجاح التعامل معها، وتحتاج إلى تأكيد أن قدرتنا على مواجهة تداعياتها واحتمالاتها ووقف تصاعداتها ممكن، والاستفادة من إيجابياتها ممكنة، وتقوم هذه الطريقة وتستند على المعلومات التي تستدعي المعرفة الأصولية بمناطق ومواطن الضعف في الكيان الإداري الذي يتعرض لأزمات، أو تحديد المناطق الضعيفة التي يمكن لعوامل الأزمات اختراق جدار الكيان الإداري بها، ومن ثم إعداد احتياطي وقائي يمثل حاجزاً إضافياً وقائياً لمواجهة أي اختراق وبالتالي تكوين خطوط دفاع متتالية، ومصدات متتابعة تمتص الضغط الأزموي، وتقوم بتفريقه، وإفقاد الأزمة شدتها، وفي الوقت ذاته إعادة توجيهه وتوظيفه لصالح الكيان الإداري ومنفعته، وتستخدم هذه الطريقة عادة في الكيانات الإدارية الإنتاجية، مثل المصانع التي تستخدم مدخلات قد يحدث فيها

أزمة، كأزمات المواد الخام، ومن هنا تعمل الإدارة الرشـيدة عـلى تكـوين وتنشـئة احتيـاطي تعبوي وقائي يمكن استخدامه إذا ما حدثت هذه الأزمة

ج. طريقة المشاركة الديمقراطية للتعامل مع الأزمات:

وتستخدم هذه الطريقة عندما تتصل الأزمة بالأفراد، ويكون محورها عنصر بشري، وعادة ما تستخدم هذه الطريقة في المجتمعات الديمقراطية التي يتمتع فيها الفـرد بحريـة السـلوك الإقتصادي والسياسي والاجتماعي، واحترامهم وتقديرهم الكامل له، فضلاً عن كونه مختاراً من جانبهم، فهو مـنهم ومعهم وبهم، وفي الوقت ذاته يملك الرئيس الإداري للكيان حب الأفراد له، ومن ثم فإنه يطلب مـنهم مشاركته الرأي في التعامل مع الأزمات التي تواجه هذه الكيان الإداري، ويحتاج مدير الأزمة الناجح إلى تأكيد وحدة مجتمع الأزمة، وتماسك هذا المجتمع ومساندتهم في مواجهة قوى صنع الأزمة، ويتعين في هذه الطريقة الإفصاح عن الأزمة، وعن مداها، وعن خطورتها وعن الخطـوات التـي اتخـذت في سبيل التعامل معها، وما هو مطلوب من الجميع اتخاذه من سلوك لإنجاح الخطة الموضـوعة والمتفـق عليهـا والمشاركة لكل منهم في إعدادها، ومن ثم يسهل القضاء عليها.

د. طريقة احتواء الأزمة:

وتعتمد هذه الطريقة على محاصرة الأزمة أو حصرها في نطاق محدود وتجميدها عند المرحلة التي وصلت إليها، وفي الوقت ذاته امتصاص واستيعاب الضغط الأزموي المولد لها، ومن ثم إفقادها قوتها التدميرية، وخير مثال لهذا التطبيق أزمات إضراب العمال عن العمل والتي تظهر من وقت إلى أخر، وتتخذ شكل إضرابات وتوقف عن العمل، خاصة في شركات حساسة مثل شركات الطيران والمطارات والمراقبة الجوية فيتم الاحتواء لهذه الأزمة وفق خطة ذكية، ويتم الاحتواء على عدة مراحل هي:

1. إبداء التفهم والإنصات الذكي لقيادات الأزمة، ومطالبتهم بتقديم ما يطلبونه من خلال القنوات الشرعية التي هي المعبّر الوحيد والشرعي عن حقوقهم.
2. مطالبتهم بتوحيد رغباتهم حيث إن الرغبات متعارضة، والاستجابة لهم كاملة، أمر مستحيل، بل إن الاستجابة لبعضها لا يؤدي إلا إلى تفاقم المطالب الأخرى وعدم تحقيقها.
3. مطالبتهم بتشكيل لجنة تمثلهم لبدء الحوار والتفاوض، خاصة وأن المصلحة المشتركة والحرص على النفع العام يحتم ذلك.

4. التفاوض مع اللجنة والوصول إلى حلول وسط ترضي جميع الأطراف وبالتالي تضيع الفرصة على أي جهة خارجية ترغب في تدمير الكيان الإداري أو إلحاق الضرر به عن طريق استغلال الأزمات.

٥. **طريقة تصعيد الأزمة:**

وتستخدم هذه الطريقة عندما تكون الأزمات التي يواجهها متخذ القرار غير واضحة المعالم، ضبابية تثير العديد من الاحتمالات المتعارضة، متنوعة الاتجاهات، ومتعددة المصادر وبصفة خاصة عندما يكون هناك تكتلاً عند مرحلة تكوين الأزمة، رغم أن طبيعة المصالح والغايات والأهداف تحتم وجود هذا التكتل، إلا أنها قد تسمح به في بداية تكوين الأزمة، ومن ثم لفك هذا التكتل وتقليل ضغط الأزمة يتم العمل على تصعيد الأزمة بشكل أو بآخر حتى تصل إلى نقطة تعارض المصالح، حيث يتفكك التكتل، ويتجه كل فريق إلى اتجاه آخر، وعادة ما تكون هذه الوسيلة في حالات الأحزاب السياسية، التي لا يكون لها رصيد شعبي ومتنافرة الاتجاهات، عندما يسعى كل منها إلى إيجاد التكتل لإحراج الحكومة الحالية ويحتاج مدير الأزمات الناجح إلى إزالة الغموض وانقشاع الضباب، ومعالجة أي شكوك وظنون، وتأكيد مقومات النجاح في معالجة الأزمات. ومن هنا تكون مهمة متخذ القرار الحقيقية هي تفريغ الأزمة من مضمونها وقد يكون هذا المضمون

اقتصادي، أو اجتماعي، أو سياسي، أو ديني، أو ثقافي، ومن هنا فإن إفقاد الأزمة لمضمونها، يكون بمثابة إفقادها المعلومات الخاصة بها، ومن ثم لا يستطيع أفرادها الإحتفاظ بقوى الضغط الخاصة بها، وأهم الطرق المستخدمة في تفريغ الأزمات من مضمونها ما يلي:

1. التحالفات المؤقتة مع العناصر المسببة للأزمة.

2. الإعتراف الجزئي بالأزمة ثم إنكارها.

3. تزعم الضغط الأزموي، ثم الإنحراف بإتجاه آخر لإفقاد الأزمة ضغطها نحو الهدف الموضوع أصلاً.

و. طريقة تفتيت الأزمة:

وهي من أفضل الطرق على الإطلاق وهي من الطرق الجديدة والإبداعية والغير التقليدية للتعامل مع الأزمات ذات الضخامة وذات الشدة التي تتجمع قواها وتنذر بخطر شديد، حيث كثيراً ما تكون الأزمات هشة وضعيفة عندما تتفتت إلى مكونات، وإلى أجزاء وعناصر، ومن ثم تفقد الأزمة قوتها وتفقد ذاتها مع فقدانها وحدتها، وهي عمليه تحتاج إلى ذكاء ودهاء شديدين، من أجل إحداث هذا التفتيت، وفي الوقت ذاته عدم إعطاء فرصة لهذه الأجزاء المفتتة في التجمع مرة أخرى،

وتعتمد هذه الطريقة على معرفة كاملة وتفصيلية ودقيقة بكافة القوى المشكلة لتحالفات الأزمة، ومن خلال هذه الدراسة العميقة يتم تحديد إطارات المصالح المتعارضة، والمنافع المحتملة التي يمكن أن يكتفي بها كل من أعضاء التحالفات، ومن ثم ضرب وحدة التحالفات بإيجاد زعامات مفتعلة لكل اتجاه، وتحديد أن استمرار المكاسب والمغانم يتعارض مع استمرار التحالفات الأزموية وهكذا حتى تتحول الأزمة الكبرى إلى أزمات صغيرة مفتتة، لا تمتلك الضغط العنيف الذي كانت تملكه من قبل وفي الوقت نفسه يسهل التعامل معها بهدوء وبدون تكاليف ضخمة.

ز.   طريقة تدمير الأزمة ذاتياً وتفجيرها من الداخل:

وهي أصعب الطرق غير التقليدية والتي يلجأ إليها متخذ القرار في الكيان الإداري الذي يواجه أزمة مستعصية ذات ضغط عنيف يمثل خطراً مدمراً للكيان الإداري، وهي طريقة تعتمد على قمة الخداع.

ويطلق على هذه الطريقة أحيانا طريقة المواجهة العنيفة وكذا طريقة الصدام المباشر حيث لا يكون هناك بديل عن هذا الصدام، ولا بديل مطروح للتعامل، غير العنف الشديد، وغالباً ما تستخدم هذه الطريقة في حالة غياب كامل من

المعلومات وهنا تكمن خطورتها، أو في حالة معرفة كاملة بها وتيقن مـن أنـه لا مفـر مـن الصدام، وفي هذا الحالة يتم التعامل على النحو التالي:

أ. ضرب الأزمة بشدة مـن الجوانـب والأطراف الضـعيفة للأزمـة، والتي يمكـن عـن طريقها أن تتداعى أعمدة الأزمة التي تستند إليها، أو تفقد قوتها المحورية التي تعتمد وترتكز عليها.

ب. استقطاب بعض عناصر القوة ذات التأثير على تحريك قوى الـدفع للأزمـات، ويتم ذلك عـن بعد، لزعزعة استقرار قوى الأزمة وإفقادهـا وحدة تماسكها، بـل وإيجاد صراع بـين مؤيـدي العناصر التي تم استقطابها، وبـين العنـاصر التـي لا تـزال متمسـكة بتيـار الأزمة مـما يمـزق الأزمات، ويجعل هناك خلالاً ومتسعاً فيها.

ج. التصفية للعناصر القائدة والرائدة للأزمة، سـواء بتجريمهـا وإفقادهـا مصـداقيتها ونزاهتهـا، أو بإزالتها بشكل يؤدي إلى إنهائها.

د. إيجاد قادة وزعماء جدد أكثر اعتدالا وتفهما واستعداداً لتولي قيادة صانعي الأزمة وتحويلهم تدريجياً أو فجأة وفقاً للحالة التي عليها وتحويلهم إلى قـوى مسيسـة ومطيعـة، أو تحـويلهم لقوى غير أزموية، بل إلى قوى إيجابية فاعلة في الكيان الإداري، وقـد اسـتخدمت معظم دول العالم المتقدمة هذه الطريقة في التغلب على أزمات الإرهاب.

ح. **طريقة الوفرة الوهمية:**

وهي أحد الأساليب النفسية التي يلجأ إليها متخذ القرار للتعامل مع الأزمات العنيفة السريعة والمتلاحقة الأحداث، والتي تنذر بخطر عاصفة مدمرة للكيان الإداري الذي تحتاجه الأزمة، خاصة مع وجود عالم نفسي مصاحب لها، يعمل على إيجاد حالة فزع شديدة تغري عوامل الأزمة وتجذب إليها قوى جديدة، وتجذب إليها عناصر مؤيدة، ومن أهم الأمثلة الخاصة بهذا النوع من الأزمات ظهور الأزمات التموينية التي تتصل بإحدى السلع الضرورية مثل رغيف العيش , وأزمة الدقيق , وأزمة السكر , أزمة الملح وأزمة الغاز، والتي تجعل الناس يتدافعون للحصول على السلعة التي حدثت بها الأزمة بأي ثمن، ويلجأ متخذ القرار إلى استخدام طريقة الوفرة الوهمية وذلك بخلق انطباع لدى الجماهير بأن هناك وفرة حقيقية في السلع والأموال التي يتدافعون عليها , وأنه لا مبرر لهذا الإندفاع والتدافع.

ط. **طريقة امتصاص وتحويل مسار الأزمة:**

وتستخدم هذه الطريقة مع الأزمات بالغة العنف , والتي لا يمكن وقف تصاعدها , أو التعامل مع قوة الدفعة المولدة لضغوطها , ومن ثم يتم امتطاء هذه الأزمة وركوبها واعتلاء موجاتها , ثم عندما تبدأ في الانحسار والضعف يتم فقط تحويل مسار الأزمة إلى مسارات بديلة أخرى، حيث تصبح الأزمة كالإعصار الذي لا

يمكن وقفه وكالحصان المندفع الذي يصعب إيقافه، ولكن فقط يمكن تحويل مساره واتجاهه أو احتواء جانب كبير من خسائره عن طريق إزالة كل ما من شأنه أن يدمره في طريقة.

ويتم امتطاء الأزمة باستيعاب نتائجها، والرضوخ لها، والإعتراف بأسبابها ثم التغلب عليها، ومعالجة إفرازاتها ونتائجها، وبالشكل الذي يقلل أضرارها إلى أدنى حد ممكن، وتصل قمة النجاح في المعالجة إلى استغلال الحادث الأزموي في إحكام السيطرة على الكيان الإداري وحفز مشاركة أفراده، وزيادة درجة انتمائهم وولائهم، وبالشكل الذي يعظم من إنتاجهم ويرفع من إنتاجيتهم، ويؤدي إلى تحسين أداء الكيان الإداري ككل، ويقوم رئيس الكيان الإداري ومتخذ القرار في هذا الكيان بالإندماج داخل قوى صنع الأزمة، وباعتباره واحداً منهم، وفي الوقت ذاته فاعلاً فيهم، ويتم استخدام الأزمة في القضاء على أي مقاومة من أجل:

1. التطوير والإرتقاء.

2. التحسين والتجويد.

3. الإبتكار والإبداع.

4. التجديد والإصلاح.

فالأزمة الحديثة ليست جميعها شراً مستطيراً ولكنها تصبح حافزاً على التقدم والتطوير، والمشاركة بفاعلية وعمق، فعلى سيبل المثال فإن اكتشاف الولايات المتحدة لخلية إلكترونية خبيثة (جرثومة الكمبيوتر) مدمرة لقواعد المعلومات الخاصة بالعقول الإلكترونية، والتي أدت إلى تدمير العديد من أجهزة الكمبيوتر، وتعجيز جزء من شبكة المعلومات، وتوصلها إلى الفاعل الأصلي لهذه الجريمة، والذي تبين أنه عالم شاب متخصص في عالم الإلكترونيات وتصميم برامج الحاسبات الإلكترونية، دفعها إلى احتواء هذا الشاب، وعدم محاكمته أو تدميره، ولكن فقط مطالبته بالبحث وإعداد برامج مناعة ضد اختراق فيروس الكمبيوتر لأجهزتها وفي الوقت ذاته استخدم هذه الفيروسات في تدمير أجهزة الدول المعادية عندما يلزم الأمر ذلك.

ولعل هذا ما تلجأ إليه وحدات الأمن والشرطة في مختلف دول العالم من استقطاب عتاة المجرمين وتحويلهم إلى رجال أمن مرشدين للبوليس، أو خبراء استشاريين في الجريمة مقابل مكافآت ومرتبات مجزية يمنعهم من ارتكاب جرائم جديدة.

وأياً كانت هـذه الطـرق سـواء تقليديـة سـابقة وماضـية أو طـرق جديـدة وغـير تقليديـة وإبداعية، فقد حان الوقت من أجل التفكير في إيجاد منهج متكامل لمعالجة الأزمات، وهـو مـا يجعلنـا سنتعرض وندخل لهذا في الفصل التالي.

الفصل السادس

المنهج العلمي المتكامل للتعامل مع الأزمات

المنهج العلمي المتكامل للتعامل مع الأزمات:

تحرص كافة الكيانات الإدارية والـدول والمؤسسـات والأفـراد و الأسـر عـلى أن تقـوم كافـة أجهزتها ووحداتها المختلفة بأداء المهام الموكلة إليها بكفاءة واقتدار وأن يتم ذلك رغـم كافـة الظـروف والمواقف الحاضرة والمستقبلية، في إطار الإمكانيات المتاحة، أو التي يمكن توفيرها بسهولة ويسرـ ومـن ثم لا تدع مجالاً أو فرصة ينفذ منها التخلف، أو ثغرة ينفذ منها القصـور، فكـل شيء يخضع لمنظومـة تفاعلية استهدافية، ترتقي إلى الأحسن، والأفضل، والأجود، بدون توقف وهو ما يستدعي وجود جهاز حماية ووقاية ضد أي أزمات، وفي الوقت ذاته يكون لديه القدرة على تحسين المواقـف، ومـن ثـم فإن هذا الأمر يكاد يتوقف على حسن اختيار منهج الوقاية والاحتياط وحماية المستخدم، وتحتاج الكيانات الإدارية إلى تخطيط أدائها وتنظيم هيكلها، وتوجيـه مواردهـا للارتقـاء بمسـتويات الإنجاز المتحقـق، ومتابعة هذا الإنجاز بشكل سليم للوقوف على أوجه القصور وعلاجها.

ولما كانت الأزمات جزء من الطابع العام للحياة المعاصرة، ولما كانت الأزمة سمة من سـمات الوجود ونتاج الصراع بين الرغبات والمصالح المتعارضة، فإن على كل قائـد إداري نـاجح أن يعمـل عـلى وضع ورسم برنامج علمي مدروس بعمق للتعامل مع الأزمات، وأن يحرص على أن يكون هذا البرنامج مبني على الآتي:

1. وضوح الأهداف والسياسات والإجراءات والخطوات، ويجب أن تكون كافة جوانب وأركان وعناصر البرنامج واضحة لكل أفراد فرْيق معالجة الأزمة، ويجب أن يكون هناك تجاوباً ومشاركة من كافة أفراد الكيان الإداري، وكما يجب أن يكون هناك تحملاً وتقبلاً لأعبائها ولتكاليفها.
2. توفر الإمكانيات المالية والبشرية والمعدات اللازمة للتعامل مع الأزمة الحالية والمتوقعة، خاصة في ضوء تصاعد الاحتمالات وارتفاع تكاليف المواجهة، ومع وجود احتياطي بديل يمكن اللجوء إليه مباشرة، أو جعله محل العناصر الأصلية التي سبق إسناد مواجهة الأزمة إليها.
3. القدرة على اختيار الوقت المناسب للتدخل في حل الأزمة، ومعالجة إفرازاتها وتجنب الكيان الإداري مخاطرها، ومن خلال دراسة عملية مستفيضة، ومعرفة كاملة بما يحدث ويتم بالفعل على أرض الميدان، حتى يتم اختيار التوقيت المناسب للتدخل في معالجة الأزمة.
4. المرونة في التنفيذ والقدرة على التطوير السريع للتوافق، والتكيف مع أحداث ومتغيرات الأزمة، ومتطلبات التعامل معها، وما تحتاجه من فكر، وأدوات مادية ومتطلبات معنوية ليس فقط للتصدي لتيار الأزمة، والتعامل معه، ولكن وهو الأهم لتأكيد مقومات نجاح هذا التعامل.

ويرجـع هـذا إلى أن القائـد الإداري يجـد نفسه مضـطراً بحكـم الضـرورة، وبحكم الموقـف الأزموي إلى التعامل مع إفرازات الأزمة، وأن يعمل في ضوء التقديرات التقريبية والنسبية، وأن يتخـذ قراراً سليماً تحت ضغط شديد، وفي ظل ظروف ومتغيرات وعوامل طارئة مفاجئة وغير متوقعة، بـل وغالباً غير محسوبة، ولا يستطيع أمام كل هذا أن يهرب من اتخاذ القرار، ومن ثم كان عليه أن يـدقق تدقيقاً كاملاً في عملية حسابات النتائج السلبية والإيجابية، ورصد احتمالات الخطأ والقصـور، ووضـع برنامج سليم للتعامل مع الأزمة تخطيطاً وترتيباً وتنفيذاً.

فالأزمة تلقي بثقلها وتضغط بإفرازاتها ونتائجها الوخيمة المتنامية، ومخاطرها المتتابعة والتي تتزايد احتمالاتها سوءاً إذا لم يكن هناك مواجهـة علميـة لهـا، وكذلك إذا لم يكن هنالك تـأمين لهـذه المواجهة وذلك من تهديدات وأيضاً من مخاطر غير محسوبة، ومـن هنا كان منهجنا المتكامل الـذي يرتكز على بعدين أساسيين هما:

البعد الأول: الثوابت الراسخة القائمة على الحفاظ على استمرارية المشروع، وعـلى توازناتـه الاتجاهية، وعلى كفاءته العلمية، ومن ثم تـأثر عملياته الإنتاجيـة والتسـويقية، والتمويليـة، وكوادره البشرية بالأحداث والحوادث التي نشأت وتنشأ بسببها الأزمة التي يواجهها متخذ القرار وامتداد هـذه الثوابت تاريخياً في الماضي

والحاضر و المستقبل من خلال هيكل القيم، ونسق المبادئ ونسـيج العـادات والسـلوكيات الحاكمة والمتحكمة في أفراد مجتمع الأزمة، والحفاظ على وحدة هـذا المجتمـع وتماسـكه، وعـلى قـوى الإصرار والمثابرة لعلاج الأزمة.

البعد الثاني: المتغيرات التي جاءت بها عـوارض الأزمـة والمرحلـة الراهنـة، وتوازنـات القـوى، واعتبارات المصالح، وظروف الحاضر وأطراف الأزمة الحالية، ومدى اتساق هـذه المتغيرات أو تنافرهـا، أو تعارضها، أو عدم ترابطها، ومدى استمراريتها، وحجم ما تولده من ضغط على أفراد مجتمـع الأزمـة ومدى القدرة على تحمل هذه الأزمة.

ومن أجل هذا كله حاولنا بجدية فيما سبق وذلك بوضع وبإيجـاد مـنهج علمـي متكامـل للتعامل مع الأزمات، وهو منهج علمي يرتكز على الثوابت وفي الوقت ذاته لا يتجاهل المتغيرات، وهـو منهج ابتكاري تفاعلي، قائم عـلى فكـر المنظومـات، وقـائم عـلى اليقـين الابتكـاري والإبـداع الجماعـي والفردي في التعامل مع الأزمات ويظهر هذه جلياً في كل الفصول السابقة من هذا الكتاب.

الفصل السابع

كيف نصنع نظام وقاية من الأزمات الاقتصادية والمالية والإدارية

كيف نصنع نظام وقاية من الأزمات الاقتصادية والمالية والإدارية

إذا كنا نعيش في عالم الأزمات فإن الأزمة معـه تصبح حقيقـة ملموسـة اعترفنا بـذلك، أم لم نعترف، وهذه الحقيقة الصعبة تتطلـب وجـود إدارة رشـيدة للتعامـل مـع الأزمـات، إدارة تبنـى عـلى المعرفة وعلى الرشادة، وعلى الأسس العلمية المكتسبة من واقع التجارب الإنسانية، ومـن خـلال جهـود العلماء والباحثين في شتى المعارف والعلوم المتصلة بعلم إدارة الأزمات.

إن هذا يستدعي أيضاً بعقلانية ورشادة أن تتضافر جهود العلماء والباحثين من أجـل حمايـة الكيان الإداري، ووقايته من شرور الأزمات.

فمتغيرات العصر وإيقاعاتهـا السريـعة، وتتابعاتهـا المتسـارعة، وحسـابات التكلفـة والعائـد، وحسابات المصالح، وحسابات تغير الموقف، تستدعي وجود جهاز لاستشعار الأزمات يمثل بحـق بدايـة جهد علمي للتعامل مع الأزمات المستقبلية، خاصة وأن مثل هذه الجهود يجب بذلها الآن.

إن وجود جهاز لاستشعار الأزمات، يمكن الكيان الإداري من التعامل مع الأزمـات المسـتقبلية والحاضرة بشكل هادئ وعاقل ومسئول تحليلاً، وتدقيقاً وتمحيصاً، ويقي متخذ القـرار شرور الاستسـلام والانصياع لما يمليه عليه الضغط

الأزموي، ويضع أمام متخذ القرار بدائل عديدة لقرارته، وسيناريوهات بديلة للتعامل مع المواقف الأزموية، بدلاً من الخضوع والانصياع للخيار الوحيد الذي تمليه عليه الأزمة، وبما يشمله من مخاطر وأعباء وتكاليف.

وقد تبلور عن هذه الجهود وضع وإيجاد نظام وقائي لحماية الكيانات الإدارية من أخطار الأزمات، و يهمنا أن نوضح أن هذا النظام لن يحول دون وقوع الأزمات، بل إنه سيجعل الكيانات الإدارية أكثر قدرة على الصمود أمام الضغوط الأزموية الناجمة عنها.

وقد نستطيع في المستقبل الحيلولة دون وقوع هذه الأزمات من أساسه، ويتوقف ذلك بالكامل على الوصول إلى نظام إنذار مبكر ضد حدوث الأزمات وهو ما ينقلنا إلى دراسة إمكانية إقامة هذا النظام الوقائي للحماية وللوقاية من الأزمات ويكون هذا في ظل نقطتين رئيسيتين هامتين هما:

أولاً: أهمية إقامة نظام الوقاية ضد الأزمات:

إن الوقاية في مفهومها البسيط هي القدرة على تجنب الخطر، والحيلولة دون حدوثه وبالتالي يحتاج الأمر إلى دراسة أبعاد وجوانب ومتطلبات إقامة مثل هذا النظام، وتوقعات حدوث الأزمات، سواء تلك الناجمة عن حوادث طبيعية متوقعة

كالكوارث الطبيعية الناجمة عن الزلازل والأعاصير والسيول والبراكين أو حوادث صناعية مثل الحريق، والإختلاس، والسرقة، أو مثل حدوث أزمات المرور والإضرابات العمالية والتوقف عن العمل ومن ثم فإن وجود نظام للحماية والوقاية يزيد من مقدرة الكيان الإداري على مقاومة الأزمات، التي تعترض طريق الإدارة، وبمعنى آخر مقاومة الكيان الإداري (دولة، مؤسسة، مشروع) لكل ما هو ضار وغريب عن مصالح هذا الكيان، سواء كان ناجماً عن مؤثرات خارجية أو عن عناصر داخلية ترغب في هدم قواعد، وتقويض أركانه، والإضرار بمصالح الكيان الإداري.

إن هذا المفهوم البسيط للوقاية ضد الأزمات يتناول أيضاً ويتضمن تلك الأزمات الناجمة عن تقادم بعض عناصر الكيان الإداري الداخلية، أي تلك الناجمة عن تقادم المعرفة وتقادم نظم الإنتاج، وتلف الوحدات وإصابتها بالعجز والقصور نتيجة فساد الإدارة، أو وجود المجموعات الشاذة المتعارضة المصالح.

ومن هنا فإن مهمة نظام الوقاية من الأزمات تنصرف إلى جانبين أساسيين هما:

الجانب الأول: حماية الكيان الإداري من كافة العوامل والعناصر الخارجية التي قد تؤدي إلى إصابته بأزمة من الأزمات، وهي حماية تتراوح مابين وجود أنظمة أساسية وبديلة، أو بين وجود نظم حماية متعددة ومزدوجة ومن ثم توفير نظام

حماية من الخارج، في شكل أسوار وحواجز متعددة، كل مـنهم أقـوى وأشـد مـن الآخـر، ولا يسمح أي منها باختراق خارجي من الخارج لقلب الأزمة.

الجانب الثاني: حماية الكيان الإداري من كافة العوامل والعناصر الداخليـة التـي قـد تسـبب أزمة من الأزمات للكيان الإداري، وبصفة خاصة من حدوث أي حالات عـدم تنسـيق أو عـدم تجـانس، يؤدي إلى نفور وتناحر أو تصارع بين عناصر ومكونات وشرائح مجتمع الكيان الإداري، وبالتالي حـدوث الأزمة نتيجة تصارع القوى الداخلية.

ومن هنا فإن مهمة جهاز الوقاية ضد الأزمـات، تقـوم عـلى تنظيم ومراقبـة كافـة العنـاصر والعوامل الداخلية والخارجية عن كثب، وتسجيل ورصد أي انحـراف في سـلوكها، والتنبـؤ بإتجـاه هـذا السلوك وقياس تأثيراته المختلفة على أداء الكيان الإداري، وتزويد متخذ القرار بالبيانات والمعلومات في الوقت المناسب، وبالشكل المناسب الذي يجعله على معرفة كاملة ودائمة ومستمرة بتطورات الموقـف، حتى يتدخل مدير الأزمات في الوقت المناسب لمنع إصابة الكيان الإداري بأزمة عنيفة، وتجنبـه مخـاطر هذه الأزمة.

ومن منطلق أنه لايوجد ذلك الدواء الوحيد والذي يصلح لكل داء أو لجميـع الأمـراض، فـإن الوقاية في حقيقتها هي البديل الفعال لهذا الدواء، لأن

وجودها بفاعلية وكفاءة لن يظهر المرض، أو يعرض الكيان الإداري لأزمة، ومن ثم لا يكون هناك حاجة للدواء أو للمعالجة الأزموية باهظة التكاليف أحياناً، وترجع أهمية إيجاد نظام وقائي ضد الأزمات إلى ما يلي:

1. إن الوقاية أقل تكلفة من العلاج، خاصة وأن الدمار الناجم عن الأزمة يتعدى التكاليف المادية إلى التكاليف المعنوية الباهظة، والتي أشدها خطراً فقدان الثقة والمصداقية والولاء والانتماء.

2. إن الوقاية تحتفظ للكيان الإداري بتوازنه وحركته المنتظمة، والتي قد يصيبها الإختلال نتيجة لأحداث الأزمة، وتساعد على الوقاية وعلى حماية الكيان الإداري من هذا الإختلال، وما يفرضه من قيود، وما يضعه من محددات، وما تفرضه من أعباء والتزامات.

إن الوقاية هي العملية الطبيعية أو المنطق الطبيعي، والذي يتعين أن تكون حاجزاً عن الكيان الإداري في الوقت الراهن، لأنه بدون وجود جهاز وقائي حمائي يصعب على الكيان الإداري أياً كان حجمه مواجهة الأنواء الشديدة في بحور الحياة المتلاطمة الأمواج.

ومن أجل ذلك تحرص الدول والمشروعات على إيجاد نظام حمائي تحوطي ووقائي ضد الأزمات، نظام له كامل الصلاحية، وله كامل السلطة ومتوفر لدية كامل القدرة والفاعلية على حماية الكيان الإداري من أي أزمة.

ثانياً: طريقة عمل جهاز الوقاية ضد الأزمات:

تقوم عملية الوقاية ضد الأزمات وتستند على هدف دائم ومستمر، هو ضمان التشغيل الاقتصادي والأداء المتميزة للكيان الإداري، سواء كان هذا الكيان ممثلاً في دولة من الدول، أو مجتمع من المجتمعات، أو شركة من الشركات ومن هنا فإن هناك محورين أساسيين لعمل جهاز الوقاية ضد الأزمات هما:

المحور الأول: متابعة الأداء التشغيلي للكيان الإداري، للوقوف أولاً بأول على كل ما قد يؤثر على هذا الأداء، سواء من داخل الكيان الإداري وعناصره وعوامله المختلفة، أو من خارج الكيان الإداري، ومتابعة البيئة المحيطة الخارجية المتصلة بالكيان الإداري لمعرفة تأثيرها على أداء هذا الكيان , ويقوم هذا المحور على رصد وتتبع، وتحليل، ودراسة كل تغير يطرأ على كل من الداخل والخارج، وقياس اتجاهه، ومعرفة كل شيء عنه وتحديد خطره.

المحور الثاني: التدخل السريع والفوري سواء المباشر عن طريق الصدام، أو غير المباشر عن طريق الاحتواء والامتصاص لإفقاد القوى الداخلية والخارجية المسببة للأزمة قوتها وخطورتها، وإضعافها، وإجهاض مخططها، ووقف تصعيد الأزمة، والقضاء عليها في مرحلة الميلاد، وقبل أن تنمو ويستفحل خطرها، ويصعب بعد ذلك السيطرة عليها.

الفصل الثامن

حالات عملية وتطبيقية لأزمات حقيقية تبحث عن حلول

حالات عملية وتطبيقية لأزمات حقيقية تبحث عن حلول

الحالة العملية الأولى:

في إحدى الدول العربية والإسلامية، ظهرت أزمة سياسية حادة، حيث ظهرت جماعة حزبية ودعوية لها بعض الأفكار والمعلومات القوية والآراء المعارضة للنظام السياسي الحاكم آنذاك، وقد تزايدت نشاطات هذه الجماعة وإنتشرت آراء وأفكار هذه الجماعة، علماً أن عدد الأفراد الذين ينتمون لهذه الجماعة قليل لا يتجاوز المئات، والكثير من الذين ينتمون لهذه الجماعة الحزبية السياسية الدعوية من الشباب الذين تتراوح أعمارهم بين 20 و30 عام، ولم يكن عندهم علماء ومفكرين ومرشدين عقلاء يرجعون إليهم ويشاورنهم، بل كان لديهم أشخا لديهم القليل من العلم الشرعي وكانوا ينادونهم بمصطلح (شيخ)، فتطورت الإجتماعات لدى هذه الجماعة وأخذتهم الحمية الشبابية والحماس الخداع، من غير إعمال عقل ولا تدبير للأمور ولا حساب للنتائج المترتبة على هذه النشاطات الحركية والدعوية التي سيقومون بها ضد النظام الحاكم، فقاوم أفراد هذه الجماعة الضعفاء، تلك الدولة المستقرة ذات الحكومة العملاقة بهيئاتها ووزاراتها ومنظماتها، فحصل من الجماعة القيام بأعمال تفجيرات تستهدف أشخاصاً ذو هيبة ومكانة مرموقة في الدولة، ظناً منهم أنه بالقضاء على شخص أو شخصين سيجعل الدولة تنهار والحكومة تقع،

وذلك لقلة معلوماتهم ولجهلهم في السياسة وفي الإدارة، وبحكم أنه يجب على كـل شخص معتدى عليه أن يدافع عن نفسه، فقاوم الأشخاص المهددون بالقتل مـن قبـل هـذه الجماعـة مقاومة عنيفة هزت الأرض والجبال وقتلت المهددين والإرهابين ولهول الموقف فإن الدولـة بحكومتها أخذت إجراءات وقائية ونظام حماية لعدم حصول مثل هـذه الأزمـات مـرة أخرى فطال الـدمار الكثير مـن الأشخاص الأبرياء الذين ليس لهم علاقة بهذه الجماعة إلا عن طريق الإشـتباه أو القرابة فقط وقـد لا يكون لهم علاقة بهذه الجماعـة لا مـن قريـب ولا مـن بعيد إلا أنـه كان صـديقاً لشخص مـن هـذه الجماعة أو لوجود علاقات شخصية مع أحد أفراد هـذه الجماعـة، والحكومـة غـير مخطـأة في تصرفها هذا، فهي لهول الموقف المفاجئ والغير متوقع من قبل أفراد لم يكن يحسب لهم أي حساب، وبالتـالي أجبروا على الرد العنيف وذلك للمقاومة على هـذه الأزمـة، وبكونـك مـديراً للأزمـات فعليـك أن تقـوم بتحليل كامل لهذه الأزمة في ظل هذه المعلومات التي يجب أن تعلمها وهي:

1. يـذكر العلمـاء السياسـيون والمختصـون بـإدارة الدولـة وبالسياسـة وقـد كـان مـنهم أسـاتذتي ومدرسيني في الجامعة ومنهم البروفيسور أحمد محمد الكبسي رئيس قسم العلوم السياسية ونائب رئيس جامعة صنعاء، وكذلك البروفيسور منصور عزيز الزنـداني، عميد كلية التجارة والإقتصاد في جامعة صنعاء، وكذلك البروفيسور حسن سيد سليمان، رئيس قسم العلوم

2.

السياسية في جامعة صنعاء سابقاً، وقد وضعوا لنا كتاباً مؤلفاً بعنوان مبادئ العلوم السياسية، وقد حفظت هذه الكتاب حفظاً، وقد كان مقرراً علينا قبل ثمانية سنوات في المرحلة الجامعية، فيذكر العلماء الثلاث السابقون أعلاه بأنه يجب الطاعة على عاتق المحكومين، وقد سمو لنا عنوانه بالإلتزام السياسي، كما وضعوا قاعدة كبيرة تحت مسمى شروط حق مقاومة الدولة وهي:

- لا يحق للأفراد أو الجماعات مقاومة الدولة إذا كانت هناك شواهد منطقية وموضوعية وحقيقية تؤكد أن الدولة تقوم بالمهمة الموكلة لها ولو بجزء أقل وبسرعة أبطأ من المفترض السير عليه، إذ أن للدولة وللحكومة مبررات للتأخير عن القيام ببعض الأمور وتأجيلها إلى حين، إذا أن الحكومات تواجه ضغوطات خارجية وعالمية وكذلك داخلية لا يقدرها الأفراد ولا يمكنهم معرفتها.

- لا يحق للأفراد أو الجماعات مقاومة الدولة إلا إذا كان هناك ما يؤكد نجاح هذه المقاومة بدرجة مائة بالمائة ودون حصول أضرار وخيبة وخسارة تضر بالأفراد الآخرين وتصير الوضع الحالي أسوأ مما كان عليه سابقاً.

- لا يجوز للأفراد أو الجماعات المقاومة العنيفة مثل التفجيرات والاختطافات بل يجب عليهم إذا كان ولابد من الخروج والتعبير عن الاستنكار على

الأوضاع اللجوء إلى الوسائل السلمية مثل الإضرابات السلمية المذكرات المرفوعة للسادة والمسؤولين بكل ما تحتويه رسائل الخطابات من أدب وحسن حديث وخطاب.

وإليك أنت كمدير للأزمات وفي ظل هذه المعلومات السابقة كيف ستحل الأزمة السابقة الذكر أعلاه وكيف ستواجه هذه الأزمة؟

الحالة العملية الثانية:

حالة اختطاف طائرة:

في إحدى المطارات العالمية، كنت مديراً لمكتب إدارة الأزمات في ذلك المطار، وفي أحد الأيام تلقيت رسالة عاجلة مفادها أن الطائرة رقم 4587 والمتجهة إلى لندن، مخطوفة وعليها جماعة إرهابية، لهم مطالب، ويطلبون تنفيذها، وإلا سيتم قتل الركاب، وقتل الطاقم الموجود على متن الطائرة، وكذلك تحطيم أحد الهيئات المهمة في الدولة وذلك عن طريق عمل حادث مفتعل بهذه الطائرة لهذا المبنى، وفي ظل عدم توفر معلومات كافية لديك ولا تفصيلات مهمة وفي حالة ضيقة من الوقت الحرج، وبكونك مديراً للأزمات وطلب منك حل هذه الأزمة؟ ومواجهة هذه الأزمة فكيف ستعمل؟

الحالة العملية الثالثة:

أزمة إضراب الموظفين عن العمل:

بحكم كونك رئيس مجلس الإدارة والرجل المسؤول عن الأعمال كافة في البنك الخاص بك، فقد قمت قبل 3 سنوات بفتح بنك عقاري متخصص، تابع لك ومنظم من قبلك، وأنت الممول الوحيد له، وفي أحد الأيام جئت إلى البنك ووجدت أن جميع الموظفين غير موجودين والبنك مغلق، وقد تفاجئت لدرجة بسيطة، فقلت في نفسك لعلهم تأخروا ساعة أو ساعتين اليوم وسيأتوا بعد قليل ليفتحوا البنك وليبدأوا عملهم الإداري والمالي والتجاري في البنك، ولكنك قمت بالإتصال إلى نائبك والمسؤول المباشر عن الأعمال في البنك في حالة غيابك فوجدت أنه هاتفه مغلق، فتعجبت من ذلك، وقمت كذلك بالإتصال إلى رئيس قسم الحسابات فوجدته لا يرد عليك من هاتفه على الرغم من تكرار إتصالك به، ولكن لا أحد يجيب، وفي ظل حيرة من أمرك، جائك شخص كبير في العمر يمشي على عكازته لتساعده على المشي إذ أنه مالك بقالة وسوبر ماركت أمام البنك الخاص بك، فقال لك ماذا تريد يا أستاذ لماذا أنت واقف هنا بسيارتك الفاخرة؟، فأجبته بكل احترام لعمره وعصبية من عدم وجود أحد في البنك فقلت له: أنا رئيس مجلس الإدارة في هذا البنك وأنا صاحب هذا البنك ولكن أين الموظفين؟ لا أحد!

أين هم؟ فأجابك الرجل الكبير وقال لك: يا أستاذ البنك هذا مغلق من شهر كامـل ولا أحـد يأتي إليه؟ أين كنت طيلة الأيام الماضية؟ فقلت له: لقد كنت في سفر إلى لندن لقضـاء عطلـة وسياحة، فتفاجئت وكدت تجن جنونا من كلام هذا الرجل ثـم تركتـه ومضيت غاضبا بسيارتك؟ وبحكـم أنـك رئيس مجلس الإدارة وقد أسندت لنفسك مهمة إدارة الأزمات إذ لم تقبل بأن يكون لديك مكتب لإدارة الأزمات فقلت هذا يريد مكتبا وموظفين كثر ومرتبات كثيرة ونحن نريد الاقتصاد والتـوفير ففـي هـذا البنك أنت رئيس لمجلس الإدارة ومدير للأزمات ماذا ستعمل في ظل هذه الأزمة وكيف ستقوم بحلها؟

النتائج والتوصيات:

إن على جميع الكيانات الإدارية في عالم اليوم أن تعمل على إيجاد جهاز للوقاية من الأزمـات لحماية مصالحها وفي الوقت ذاته لتأكيد وتحسين نشاطها وأدائها، وكذلك لتأمين استمراريتها، وضـمان تحقيق أهدافها.

وتقوم الوقاية على نوعين من الإجراءات هما:

النوع الأول: الإجراءات الوقائية المباشرة تتضمن بـرامج دوريـة لمتابعـة أداء الكيـان الإداري، وذلك من خلال طرق المتابعة المختلفة، والوقوف أولاً بـأول عـلى أي انحـراف أو بـوادر تـوتر أو قلـق، ومعالجته قبل أن يستفحل ويصل إلى حد الأزمة، ومن ثم القضاء على أسباب الأزمة في مهدها.

النوع الثاني: الإجراءات الوقائية غير المباشرة، وتتعلق هذه الإجراءات بالتـدابير التـي وضـعها الكيان الإداري لحماية نفسه من كل ما يؤثر على تفوقه الأدائي أو التشـغيلي، مثـل المراجعـة الدوريـة لهيكل وبنيان الكيان الإداري، وما به من وظائف لمعرفة مدى تناسبها وتوافقها مع احتياجـات العمـل، ومع روح العصر، والحجم الداخلي الذي بلغه الكيان الإداري أثناء عملية النمو، ومن ثم الحيلولة دون تخلفه وفي الوقت ذاته تكون في مهمته هي الحفاظ على وحدة واندماج النظم

الإدارية للكيان الإداري مع غيرهـا مـن الـنظم وتوافقها وارتقاؤهـا، والحفـاظ عـلى سـلامة وتدفق واستمرار مصادر التمويل الخارجية والإمداد والتموين، والوصول إلى أعلى درجـات التكنولوجيـا واستخدامها وتطبيقاتها والتفوق فيها.

وكذلك تقديم المشورة وإبداء الرأي فيما قد يعني لمتخـذ القـرار الإداري الاستفسـار عنـه أو الحصول على معلومات وبيانات بشأنه للمقاومة وللتحوط من الأزمات.

وكذلك تقديم الإنذار المبكر عند حدوث أي احتمالات للأزمـات , ومـن ثـم تقـديم الغطـاء والحماية الوقائية للكيان الإداري، من أي أزمات وفق رؤية حاكمة ومتحكمة، وتصورات عملية وعملية سليمة.

ويقوم النظام الوقائي الدفاعي ضد الأزمات على فكرة جهـاز المناعـة داخل جسـم الإنسـان، حيث تكون مهمته الأساسية هي مهاجمة أي دخيل أجنبي يحـاول غـزو الجسـم الإنسـاني، والتصدي السريع والفوري المؤثر لأي خروج من جانب أي من الأجهزة الداخلية أو الخلايـا الداخليـة عـن الخـط المرسوم لها وإصلاحها من الأعطاب والاختلالات التي قـد تصيبها للاحتفـاظ بحيويـة الجسـم الإنسـاني وأدائه، وهو ما يعمل النظام الوقائي ضد الأزمات على تحقيقه بالنسبة للكيان الإداري، وحمايته من أي خطر يهدد وجوده واستمراره، وفي الوقت ذاته يقلل حدة ودرجة المفاجأة

والمباغتة التي تحدث فيها الأزمة. ومن ثم تكون مهمة الجهاز الوقائي مـن الأزمـات تقـديم إنذار مبكر قبل وقـوع الأزمـة والتحـذير مـن حـدوثها، وإعـداد السـيناريوهات البديلـة للتعامـل مـع إفرازات الأزمة، ومع المواقف الأزموية المختلفة التي يجد متخذ القرار نفسه فيها، ويقـوم هـذا النظـام الوقائي على عدة دعائم هي:

1. سرعة التصدي بحزم وقوة مؤثرة لأي انحراف أو قصور أو اختلال ومعالجته، وذلك مـن خـلال الإحاطة الفورية بأي متغيرات تحدث في مناطق الأزمات المحتملة والمتوقعة.

2. التكيف والتوافق المستمر مع احتياجات ومتطلبات البيئة الخارجية والداخلية، التي تعمل في إطارها القوى الفاعلة في الكيان الإداري، وكذلك الذي يعمـل في إطارهـا الكيـان الإداري ذاتـه، ودفع عناصر المواجهة الأزموية بشكل مبكر قبل اشتعال الموقف الأزموي واحتداده، وذلك من أجل التصدي للأزمة ولقوى صنع الأزمة وهي في طور التكوين.

3. المرونة الكاملة والقدرة غير المحدودة على امتصاص واستيعاب الضغوط الأزمويـة، ومـن أي اتجـاه، وإفقـاد هـذه الضـغوط قوتهـا، أو أي مزايـا كانـت تسـعى للوصـول إليهـا، وتجريمهـا وحرمانها من أي تعاطف، أو تأييد من جانب

القوى المهتمة بالأزمة، بل وإحداث حالة نفور، واستياء وغضب بينها وبين القوى صنع الأزمة.

4. التفاعل مع الأحداث الأزموية للإستفادة مـن إيجابيـات الأزمـة، وعـدم التفاعـل بالأحداث الأزموية والتأثير سلبياً منها، ومن نتائجها التي أفرزتها، ويتم ذلك من خلال الحضور الـدائم في مركز الأحداث الأزموية، والتعامل معها من خلال وفرة حقيقيـة وفعليـة في الوسـائل والأدوات في موقع الأحداث، والسيطرة باقتدار على اتجاهات ومسارات هذه الأحداث.

5. وقف تصاعد أحداث الأزمة، ومنع أي دعم، أو أي روافد جديـدة مدعمـة لإحـداثها ومنـع أي مساعدة وفي الوقت ذاته حرمان الأزمة من أي فرصة للنمو، فالأزمة قد تغذي نفسها بنفسها، ومن هنا تكون مهمة الكيان الإداري السيطرة عليها، وحصرها في أضيق نطاق، وجعلها تشغل حيزاً معينا حتى يتم امتصاصها وابتلاعها ومعالجتها.

ومما تقدم يتضح لنا أن جهاز الوقاية ضد الأزمات، هـو جهـاز أصيل يتعـين وجـوده داخـل الكيان الإداري المحتمل تعرضه لأزمة من الأزمـات وهـو جهـاز ضـروري وحتمـي ولازم بحكـم وظيفتـه التي يقوم بها داخل الكيان الإداري للدولة أو الشركة وفقاً لما تكون عليه الحالـة، ويقـوم هـذا الجهـاز بمتابعة دقيقة وشاملة وتفصيلية لأداء

الكيان الإداري وأجهزته المختلة، ودراسة العلاقة بين المتغيرات المختلفة، والمتعلقات الخاصة بهذا الكيان، والصلة بين هذه المتغيرات وعملية صنع الأزمة، والتنبؤ ببؤر الأزمات وأين توجد هذه البؤر لمعالجتها، وهي حتى لا تزال في رحم الغيب.

وتوجد لدى الجهاز الوقائي من الأزمات مجموعة متكاملة من السيناريوهات والسيناريوهات البديلة، والتي يختص كل منها بالتعامل مع نوع معين من الأزمات، ومع ذات الأزمة في مراحل معينة منها، ولمواجهة مواقف محددة بذاتها، ويتضمن السيناريو مجموعة إجراءات معينة، يتعين اتخاذها لتحقيق الوقاية، وتكون في مجموعها أساليب عمل للتعامل مع الأزمات، ومواجهة الفعل وردة الفعل، واستجابات قوى صنع الأزمة والمهتمين بها عند تصعيد عملية لمواجهة أو التعامل مع الأزمة.

ويسيطر جهاز الوقاية من الأزمات على جميع أجزاء الكيان الإداري، حتى يستطيع متابعة سلامة أدائها، وصحة هذا الأداء، وحيوية ونشاط كل جزء من هذه الأجزاء فإذا ما اكتشف أي قصور سارع بالتنبيه، وتقديم العلاج والنصح والإرشاد للتغلب على هذا القصور.

ومن خلال هذا يعمل النظام الوقائي من خلال مجموعة مـن القواعـد والقيـم التـي تعـارف عليها المجتمع وارتضاها لأفراده ولمؤسساته، والتي تتصف بالعدالة واحترام الكيانات الإدارية لها.

ومن ثم تلتزم كافة القوى بها وإتباعها، ومـن ثـم مـن يخـرج عنهـا يعـد خارجـاً عـن إرادة الجماعة واستوجب سلوكه الشاذ إجراءات عقابية رادعة، وعملاً من جانب الجماعة لإعادة التـوازن إلى الكيان الإداري بسبب هذا السلوك.

الخاتمة:

وفي نهاية هذه الكتاب فإن إدارة الأزمات هي إدارة الحاضر والمستقبل، وهي أداة علمية رشيدة، تبنى على العلم والمعرفة، وتعمل على حماية ووقاية الكيان الإداري والارتقاء بأدائه، والمحافظة على سلامة تشغيل القوى المكونة لهذا الكيان، ومعالجة أي قصور أو خلل يصيب أحد قطاعات الكيان الإداري، أو معالجة أي سبب قد يكون من شأنه أحداث بوادر أزمة مستقبلية ومن ثم تحتفظ بحيوية الكيان الإداري واستمراره.

إن إدارة الأزمات تصبح أكثر من ضرورة في عالمنا المعاصر، عالم اليوم لتفادي الصراعات العسكرية العنيفة، ولتفادي التورط في حرب شاملة تقضي على الأخضر واليابس، ولتفادي الدخول في مواجهة عسكرية تستخدم أسلحة الدمار الشامل، وفي الوقت ذاته لتعظيم المكاسب وتقليل الخسائر، وتحسين طرق التعامل مع المواقف الأزموية، وصنع سياسات أكثر رشادة ومناسبة للتعامل مع العصر الحاضر.

ويعد علم إدارة الأزمات، من العلوم الإدارية الحديثة التي يتعين على متخذي القرار الإحاطة بفنونه، وكيفية استخدامها للإرتقاء بالإنتاج ورفع الإنتاجية.

وهو علم لا زال أيضاً يحتاج إلى جهود الباحثين والعلماء، كل في مجال تخصصه، وكل في مجال اهتمامه، من أجل وضع لبنات جديدة تضاف إلى صرح بنيان هذا العلم الحديث.

فإذا كنا نحن الآن نتاج ماضينا، فإن مستقبلنا نحن أيضاً هو من صنع حاضرنا وأيدينا، ومن ثم فإن إهتمامنا بإدارة الأزمات التي نعيشها الآن، ووضع نظام دفاعي حمائي لحماية كياناتنا الإدارية من الأزمات المستقبلية، سيكون بمثابة خط الدفاع الأول ضد ما يهدد مستقبلنا، فضلاً عن تأمين مسيرتنا نحو التقدم والرخاء والرفاهية.

إن المرء في حياته العادية لا يحتاج إلا نادراً إلى اللجوء إلى الحركة المنهجية، ولكنه عند التعامل مع أي أزمة من الأزمات عليه أن يسير وفقاً لآليات المنهج المناسب لإدارة الأزمة، فعفوية حرية الحركة وعشوائيتها تصبح ضرباً من عدم المسئولية الذي يصل إلى حد الجنون وهو أمر لا يجب أن تتسم به إدارة الأزمات في مؤسساتنا وكياناتنا الإدارية.

إن إدارة الأزمات في بعض جوانبها تعمل على توظيف الأزمات توظيفاً فعالاً يعمل على بعث روح الأمة، وحفز طاقاتها، وإثارة إلهام قادتها وأفرادها وذلك كردة

فعل طبيعية وتلقائية لمواجهة الأزمة، ومن ثم توجيهها كطاقة فاعلة نحـو التنميـة الشـاملة والمتوازنة والمتكاملة.

إن الأزمات ليست في حقيقتها أو في إجمالها العام سيئة، أو بالغة السوء والشرـ كـما وصـفها البعض، ولكنها أيضاً لها جوانبها الإيجابية، بل كثيراً ما تكون الأزمات باعثاً على البحث العلمـي وتـوفير المخترعات الحديثة التي تعمل على:

- تعظيم الإنتاج.

- تقليل الفاقد من المواد الخام.

- تقليل الجهد البشري.

- زيادة القيمة المضافة وعائد رأس المال.

هذا مرهون بالكامل ببعث روح الأمة وإثارة التحدي لديها، وحفز الإدارة على العمـل، ومـن هنا تصبح الأزمات باعثاً للتقدم والاكتشاف والبحث.

فالبحث عن علاج للأزمة كثيراً ما يخرج عـن نطـاق المعرفـة الحاليـة، والأسـاليب التقليديـة المعمول بها حالياً، والإمتداد إلى استخدام أدوات وأساليب جديدة لم يتم تجربتها مـن قبـل، واكتشـاف بدائل سريعة التأثير والفاعلية، بل

ومخترعات أكثر مناسبة من القائمة حالياً، ومن هنا تكون الأزمة قـد سـاعدت بطريقـة غـير مباشرة في تحفيز طاقات البحث والاختراع والإبداع.

إن الظـروف والمسـتجدات التـي أحاطـت بحياتنـا وتفاعلنـا معهـا، ودفعـت في إطارهـا إلى متغيرات كثيرة، وأنتجت أحداثاً تدفع كل منها الأخرى لتفـرز نتـائج وآثـاراً حاكمـة دون مـبرر عقـلاني واضح المعالم، تفترض وتدعو وتحث على ضرورة وجود إدارة للأزمات في كل موقع من المواقـع، وداخـل كل كيان إداري من الكيانات، وهو أمر يتعدى مرحلة الواجب والمتعين، إلى مرحلة الضـرورة القصـوى والأولوية العليا، والأولى بالرعاية من جانب الدول والمؤسسات والشركات حتى تستطيع أن تتعامل مـع عالمنا المعاصر ألا وهو عالم الأزمات.

قائمة المراجع:

1. عبد الكريم قاسم السياغي، مبادئ إدارة الخطر والتأمين، (صنعاء: اليمن مركز الأمين للطباعة والنشر والتوزيع، 2008 م).
2. أكرم عثمان، الخطوات المثيرة لإدارة الضغوط النفسية، (بيروت، لبنان: دار ابن حزم، 2002 م).
3. عبد الله بن أحمد الأهدل، وسائل البناء، (بيروت، لبنان: دار ابن حزم، 2005م).
4. عبد الله بن أحمد الأهدل، وسائل الهدم، (بيروت، لبنان: دار ابن حزم، 2005م).
5. منير شفيق، الإستراتيجية والتكتيك في فن علم الحرب من السيف والدرع إلى الصاروخ والأنفاق، (الدار العربية للعلوم، 2008 م).
6. نجم عبود نجم، إدارة العمليات، الجزء الأول + الجزء الثاني (المملكة العربية السعودية، مركز البحوث، معهد الإدارة العامة، 1412 هـ).
7. زيد منير عبوي و يوسف ذيب، الاتجاهات الإدارية الحديثة في العمل الجماعي وفريق العمل، (الأردن: دار الخليج للطباعة والنشر والتوزيع، 2007 م).
8. جمعة أمين عبد العزيز، خطوات على طريق النهضة (مصر: الإسكندرية: دار الدعوة للطباعة والنشر والتوزيع، 2005 م).
9. محمد رفيق المصري، التأمين على الحياة والضمان الاجتماعي، (عمان، الأردن: دار زهران للنشر والتوزيع، 1999 م).
10. محمد عاطف السعيد، صناعة التأمين بين الواقع والمأمول، (مصر، الإسكندرية: مؤسسة رؤية للطباعة والنشر، 2006 م).
11. محمد محمود المكاوي، مستقبل البنوك الإسلامية في ظل التطورات الاقتصادية العالمية، (رسالة دكتوراه تطلب من المؤلف في مصر، مركز البيع: مؤسسة أبرار في اليمن: صنعاء، 2003)

12. براندون توروبوف، فن ومهارة التعامل مع الناس، (الرياض: مكتبة جرير، 2006م).

13. وليام كوهين، لواء بالقوات الجوية الأمريكية، فن القيادة، (الرياض: مكتبة جرير، 2007م).

14. كين لانجدون، 100 فكرة عظيمة لبناء المشروع الـذي تحلـم بـه، (الريـاض: مكتبة جريـر، 2006م).

15. وايتشيل فيكس، من هنا إبدأ إدارة مالك (الدليل الكامل إلى إدارة الشئون الماليـة الشخصية) (الرياض: مكتبة جرير، 2007م).

16. دافيد أتش بانجر جونيور، دليل إنشاء المشروعات الصغيرة، طريقك إلى النجاح خطة مـن عـام واحد لرجال الأعمال، (الرياض:مكتبة جرير، 2007م).

17. أندرو ليكي، قلة المال أصل من أصول البلاء، نصائح مارك توين للمستثمرين عن المال والثروة، تعريب وترجمة: معين محمد الإمام،(الرياض: مكتبة جرير، 2007م).

18. والترواسون، لوي باردو، فلاديـزلاف، فـن إدارة المكتـب، (جمهوريـة مصرـ العربيـة مكتبـة دار الفاروق، 2006م).

19. ريتشارد تشانغ كيفن كيهو، كيف تكون الاجتماعات فعالـة، تعريـب وترجمـه: ميسـاء ديـاب، (الرياض: مكتبة العبيكان، 2006م).

20. الأسـتــاذ الدكـتـور: وشيخ الإسلام المعاصر: عائض بن عبد اللـه القرني كتـاب: لا تحـزن، عـدد صفحات الكتاب (600)، (الرياض: مكتبة العبيكان، 2002م).

21. روجر داوسون، أسرار قوة التفاوض،(الرياض:مكتبة جرير، 2007م).

22. جريجوري كيشل، باتيشي كيشل، كيف تبدأ مشروعاً وتديره وتحـافظ عليـه، (الريـاض: مكتبـة جرير، الطبعة الثالثة، 2007م).

23. عبد الخالق باعلوي، مبادئ بحوث التسـويق،(صـنعاء، اليمن: مركـز الأمـين للطباعـة والنشرـ والتوزيع، 2007 م)

24. نائـل حـافظ العواملـة، أسـاليب البحـث العلمـي، الأسـس النظريـة وتطبيقاتهـا في الإدارة، الأردن،عمّان: 1995م)

25. محمد عبيدات ومحمد أبو نصار وعقلة مبيضين، منهجية البحث العلمي، القواعد والمراحل والتطبيقات، (الأردن: عمّان، دار وائل للنشر 1997 م).

26. مدحت أبو النصر، أساسيات علم ومهنة الإدارة، (مصر القاهرة: دار السـلام للطباعـة والنشرـ الطبعة الأولى، 2007).

27. محمد نبيل كاظم، كيف تحـدد أهـدافك عـلى طريـق نجاحـك، (مصرـ القـاهرة: دار السـلام للطباعة والنشر، الطبعة الثانية، 2007 م)

28. محمد أحمد عبد الجـواد، إدارة ضغوط العمـل والحيـاة، (طنطـا: مصرـ دار البشـير للثقافـة والعلوم و دار الأندلس الخضراء، الطبعة الأولى 2002م).

29. بشير البرغوثي، نجومية القيـادة في الاجتماعـات: كيـف تخطـط للاجتماع وتقـوده؟، (الأردن – عمّان: دار زهران للنشر، 2000م).

30. فوزي محمد طليل، نحو نهضة أمة، كيف نفكر إستراتيجياً؟ (الهرم: مصر، مركز الإعلام العربي، الطبعة الأولى، 1997 م).

31. سـنان غالـب رضـوان المرهضي-إدارة المنشـآت المتخصصة مـع مـدخل عـام لإدارة المـنظمات الخدمية، إدارة البنوك والفنادق والمستشفيات، (اليمن، صنعاء: مركز الأمـين للنشرـ والتوزيـع، 2004 م).

32. عبد الله السنفي، منصور العريقـي، الإدارة، (اليمن صنعاء، مركـز الأمـين للنشرـ والتوزيـع، 2006 م).

33. الدكتور فؤاد المخلافي، إدارة التأمين والخطر، (اليمن، صنعاء: مركـز الأمـين للنشرـ والتوزيـع في الجامعة اليمنية، كلية الإدارة والاقتصاد، 2006 م).

34. لندا ل. دافيدوف، مدخل إلى علم النفس، ترجمة: سيد الطواب و محمـود عمـر و نجيـب خزام، (الولايات المتحدة الأمريكية، دار ماكجروهيل للنشر، بالتعاون مع المكتبـة الأكاديميـة في القاهرة، مصر، 1980 م).

35. محمد سرور حكمت الحريري، إدارة المكاتب – السكرتارية والاستقبال – (الأردن، عـمان: دار البداية للطباعة والنشر والتوزيع، 2009 م).

36. محمد سرور حكمت الحريري، علاج الأمراض النفسية بعلم البرمجة اللغوية العصبية والتنويم المغناطيسي، (اليمن – صنعاء: بحث علمي غير منشور 2008م).

المحتويات

Printed in the United States
By Bookmasters

T0300933